EL MARAVILLOSO LIBRO INFANTIL DE ASTROLOGÍA Y CONSTELACIONES

LA GUÍA DEL ESPACIO EXTERIOR PARA PRINCIPIANTES, CON HISTORIAS LEGENDARIAS DE LAS ESTRELLAS Y DATOS FASCINANTES PARA JÓVENES ASTRÓLOGOS Y ASTRÓNOMOS DE 8 A 12 AÑOS

ANIELA PUBLICATIONS

ANIELA
publications

ÍNDICE

ASTROLOGÍA PARA NIÑOS

ASTROLOGÍA PARA NIÑOS

¡LA FORMA DIVERTIDA DE APRENDER LOS SIGNOS ZODIACALES, DOMINAR EL ZODIACO Y DESCUBRIR TU FUTURO POTENCIAL!

CAPÍTULO 1
¡BIENVENIDO AL ASOMBROSO MUNDO DE LA ASTROLOGÍA!

Hace miles de años, la gente creía que las estrellas del cielo nocturno tenían poderes especiales. Al igual que los dioses podían cambiar tu vida, todo el mundo pensaba que las estrellas podían influir en las personas para que se comportaran de determinada manera. Ahora nos puede parecer extraño, pero en aquella época tenía mucho sentido. Ya sabían que el sol cambiaba la temperatura y traía luz al mundo. También sabían que la luna podía controlar las mareas y hacer que los océanos se movieran. Entonces, ¿por qué no iban a tener control también las estrellas?

Hace mucho tiempo, la gente que miraba al cielo nocturno se dio cuenta de que había patrones en las estrellas. También prestaron atención y se dieron cuenta de que estos patrones se movían por el cielo nocturno, pero siempre aparecían en el mismo lugar en las mismas fechas. Así que estas personas observadoras crearon la astrología: una herramienta asombrosa para ayudarles a navegar por los cielos y prestar atención a lo que hacen las estrellas y los planetas. Los astrólogos creen que los habitantes de la Tierra pueden verse afectados por la posición de las estrellas en el cielo y que la astrología puede incluso informarnos de los acontecimientos que ocurren aquí en la Tierra. Los antiguos astrólogos dividían el año en 12 partes diferentes, cada una de ellas basada en un patrón diferente del cielo. Llamaban a estos patrones constelaciones y los organizaban en un círculo al que llamaban zodíaco. Estas 12 piezas se conocen como Capricornio, Acuario, Piscis, Aries, Tauro, Géminis, Cáncer, Leo, Virgo, Libra, Escorpio y Sagitario.

El zodiaco muestra doce signos diferentes, a veces llamados signos zodiacales, que tienen una fuerte influencia durante unos 30 días al año. Los astrólogos creen que cada signo puede determinar cómo será una persona si nace bajo su influencia. Pasaron años estudiando a la gente de su entorno y detectaron las similitudes entre las personas que habían nacido bajo el mismo signo. Estos rasgos se convirtieron en la base de las distintas personalidades de los signos zodiacales.

La astrología no es un conjunto estricto de rasgos de personalidad que no cambiarán, sino más bien una forma divertida de tener un sentido de pertenencia y comprender las cosas que nos hacen únicos. Hay muchas cosas que determinan nuestra forma de actuar, sentir o expresarnos.

Cosas como la cultura, las experiencias, quiénes son nuestros amigos, etcétera. Así que recuerda que la astrología puede ser una forma divertida de descubrir qué tipo de rasgos compartes con otras personas de tu mismo signo zodiacal (¡o incluso de un signo distinto!). Puede que te encuentres diciendo cosas como: "¡No puedo evitar ser una luz brillante en la habitación; soy Leo!" o "Mi mejor amigo es tan servicial; es el típico Tauro".

UNA MIRADA AL PASADO: ¿DÓNDE EMPEZÓ LA ASTROLOGÍA?

Los historiadores creen que existe algún tipo de astrología desde que vivíamos en las cavernas. Las pinturas rupestres son sencillas obras de arte dibujadas o talladas en las paredes de piedra de cuevas y montañas. Los investigadores encargados de estudiarlas se han dado cuenta de que algunos de los animales dibujados en las pinturas no son en realidad animales: ¡en realidad muestran las constelaciones animales del cielo nocturno!

Estas pinturas rupestres nos muestran que los primeros humanos utilizaban las posiciones de las estrellas para indicar las fechas de acontecimientos importantes, como el impacto de un cometa contra la Tierra. Algunas de estas pinturas rupestres tienen 40.000 años de antigüedad. Los humanos llevan mucho tiempo mirando a las estrellas, y la mayoría de ellas son las mismas que vemos hoy en día.

LAS CONSTELACIONES

Los patrones que la gente ve en el cielo nocturno se llaman constelaciones. Son grupos de estrellas que pueden unirse con una línea imaginaria para formar una imagen. Algunas de estas constelaciones se han encontrado en pinturas rupestres, lo que significa que son muy antiguas. El toro Tauro ya aparecía pintado en paredes de la Edad de Bronce. (La Edad de Bronce puede describirse como los años comprendidos entre el 3300 y el 1200 a.C., aproximadamente. Es la época en la que los humanos inventaron la rueda y empezaron a trabajar con metales).

Como los antiguos siempre podían confiar en que las constelaciones estaban en el cielo, las utilizaban para controlar el tiempo y los meses. Al igual que tú tienes un calendario en tu teléfono móvil, los antiguos utilizaban las constelaciones como una especie de calendario en el cielo.

Cada signo del zodiaco recibe su nombre de una constelación diferente. La mayoría son animales, pero otros son personas u objetos que aparecían en mitos populares griegos.

LA ASTROLOGÍA EN LAS CIVILIZACIONES ANTIGUAS

Es posible que los hombres de las cavernas descubrieran patrones en las estrellas y los utilizaran para rastrear fechas, pero no fue hasta mucho más tarde cuando los antiguos astrólogos empezaron a organizar este pensamiento en sistemas adecuados. Lo realmente interesante es que personas de distintos países de todo el mundo veían imágenes similares y hacían los mismos cálculos por sí mismas.

ASTROLOGÍA BABILÓNICA

Babilonia formaba parte de la Mesopotamia, una extensa región del actual Oriente Próximo. Sus astrólogos utilizaban la posición de las estrellas y los planetas para predecir las estaciones y decidir el mejor momento para sembrar, cosechar, cazar y pescar. Esta información era importante para mantener a todo el mundo alimentado y sano. Los astrólogos babilonios dividían el año en doce secciones diferentes que más tarde se convertirían en los signos del zodiaco.

Los babilonios también creían mucho en los presagios. Los presagios son señales que indican que algo bueno o malo está a punto de suceder. Veían muchos de estos presagios en las estrellas y los utilizaban para predecir grandes cambios.

ASTROLOGÍA GRIEGA

Los griegos pasaban mucho tiempo invadiendo otros países y, cuando lo hacían, aprendían sobre la tecnología y la ciencia de esos países. Alejandro Magno, un importante gobernante griego, invadió Babilonia y llevó a Grecia los secretos de la astrología. Con la información añadida por los astrólogos griegos, nació una nueva forma de astrología que utilizaba tu signo zodiacal para crear un horóscopo que podía hacer predicciones sobre tu vida.

ASTROLOGÍA EGIPCIA

La astrología egipcia se desarrolló de forma diferente a la babilónica. Los egipcios estaban más interesados en registrar un ciclo regular de estrellas, por lo que dividieron el año en 36 partes diferentes llamadas decanos. Cada parte estaba señalada por la aparición de una nueva estrella. Cuando los egipcios fueron invadidos por los griegos, compartieron esta información con ellos. Los griegos se dieron cuenta de que los decanos coincidían con sus signos zodiacales si los agrupaban de tres en tres.

Los egipcios también relacionaban sus decanos con los cuatro elementos naturales: tierra, aire, fuego y agua. Estos elementos se siguen asociando hoy en día a los distintos signos del zodiaco y se han convertido en una parte importante de la astrología occidental.

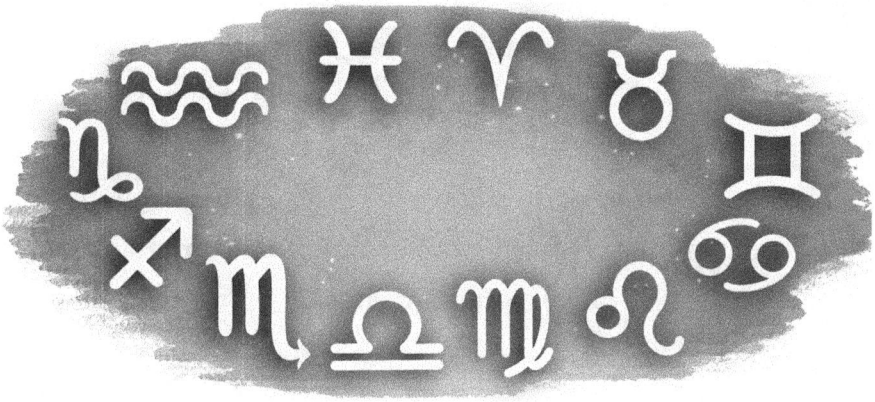

ASTROLOGÍA OCCIDENTAL

Todas las aportaciones de estas distintas civilizaciones desembocaron en lo que hoy conocemos como astrología. La astrología occidental tiene doce signos zodiacales dispuestos en forma de rueda. Esto hace que sea muy fácil ver los signos que están opuestos, así como los signos que están uno al lado del otro. Cada signo influye en las mismas fechas cada año, por lo que es realmente fácil identificar tu signo zodiacal.

La astrología occidental utiliza muchos elementos distintos a la hora de hacer una predicción sobre una persona. Se fija en su signo natal y en la posición de los planetas el día de su nacimiento. Esto se debe a que la astrología occidental considera la Tierra y todo lo que hay en ella como una única forma de vida, por lo que todos nos vemos afectados por los mismos cambios.

En la astrología occidental, cada signo tiene su propio planeta regente. Estos planetas se asocian con rasgos de personalidad y habilidades que el planeta compartirá con las personas nacidas bajo su influencia. Cada signo también está asociado a un elemento natural. Los signos que comparten el mismo elemento tienen gustos y comportamientos comunes, lo que significa que se llevarán bien entre ellos.

EL ZODÍACO CHINO

La astrología no sólo era popular en Europa y Oriente Próximo; los astrólogos chinos desarrollaron su propio sistema en una época muy similar. La astrología china es diferente de la occidental porque tiene un signo para todo el año. Sus signos llevan nombres de animales diferentes, pero siguen siendo doce. Cada doce años, el ciclo se repite.

DAILY HOROSCOPE

Dear Gemini, a new and exciting friendship is on the horizon! Be sure to keep your eye out. If someone new in class compliments your shoes, or helps you with a math problem, this could be your new BEST friend!

MAY 21-JUNE20

ASTROLOGÍA MODERNA

La astrología fue una parte muy importante de la vida de los pueblos de Europa y Asia durante muchos siglos. Los ricos pagaban a astrólogos para que les leyeran el horóscopo y utilizaban esta información para tomar decisiones sobre su vida. Incluso reyes y reinas decidían sus planes de batalla o con quién casarse basándose en la información de los astros. Era habitual que la realeza contara con un astrólogo de la corte que se encargaba de mantenerles al día sobre los tiempos afortunados y los buenos augurios.

A finales del siglo XVIII, los científicos empezaron a divulgar la idea de que quizá había explicaciones más lógicas para los acontecimientos y que la astrología no era tan exacta. Esto significó que mucha gente dejó de confiar en la astrología para saber cómo sería el tiempo y dónde debían construir sus templos. A pesar de que algunas personas dejaron de creer en la astrología durante esta época, hoy en día sigue habiendo innumerables personas que creen en ella y la utilizan para muchas cosas diferentes.

Hoy en día, la gente está mucho más abierta a creencias diferentes, y la astrología ha vuelto. Sabemos que la ciencia puede demostrar algunas cosas, pero no puede refutar otras. Esto significa que nunca se ha demostrado que las ideas antiguas, como la astrología y las medicinas alternativas, sean correctas o incorrectas. La gente hará uso de estas cosas si quiere. Algunas personas son muy serias en sus creencias, mientras que otras encuentran en la astrología un recurso que pueden interpretar libremente.

Tú decides cómo quieres utilizar la información de este libro.

CAPÍTULO 2
DATOS CURIOSOS SOBRE LOS SIGNOS ZODIACALES

Antes de que busques tu propio signo zodiacal, echemos un vistazo a algunos datos curiosos sobre los distintos signos. ¿Sabes cuál es el signo del zodiaco que ha dado más presidentes? Un signo divertido ha producido más niños actores que ningún otro, ¡y otro signo tiene más probabilidades de convertirse en multimillonario cuando crezca! Quizá esto te sirva para echar un vistazo a tu propio futuro. Después de todo, la gente suele decir que tu futuro está escrito en las estrellas.

De los mejores atletas del mundo más nacieron con el signo zodiacal de Acuario que con cualquier otro. Esto incluye a las estrellas deportivas actuales, así como a los grandes de la historia de todo tipo de deportes. Muhammad Ali, Michael

Jordan y el gran Babe Ruth compartían este signo zodiacal, así que debe de ser genial ser Acuario.

Los Piscis se encuentran entre las personas más felices del planeta, especialmente en el trabajo. Disfrutan de su trabajo más que la mayoría de los demás signos. Tal vez se deba a que eligen sus carreras con cuidado, o tal vez simplemente disfrutan sintiéndose útiles y capaces de marcar la diferencia.

Los Aries son los conductores más cuidadosos y respetan las normas de circulación, por lo que los únicos tickets que recibirán serán los de las recreativas. Pero eso no significa que siempre sean lentos: los legendarios pilotos de carreras Jacques Villeneuve y Ayrton Senna nacieron bajo el signo de Aries, ¡y nadie podría acusarles de ser lentos al volante!

¿Sueles recitar muchos datos de memoria e impresionar a tus amigos? Podrías ser un Tauro; son conocidos por tener la memoria más asombrosa. A los nacidos bajo el signo de Tauro les gusta retener grandes cantidades de información, por lo que son muy buenos en los exámenes escolares.

Los Géminis son detectives natos porque son muy observadores. Son el signo al que mejor se le da resolver rompecabezas visuales, como encontrar la diferencia o sopas de letras. Vale, las sopas de letras no van a convertirse en el próximo deporte olímpico, pero ser bueno con los rompecabezas es un divertido truco de fiesta con el que impresionar a tus amigos.

Los Cáncer son muy trabajadores e inteligentes, por eso son uno de los signos con más probabilidades de ganar más de 100.000 dólares al año. Ahora bien, que seas Cáncer no garantiza que vayas a ver esa cantidad de dinero sin trabajar súper duro, pero hay algo especial en este signo que les impulsa a hacerlo bien.

Algunos de los signos zodiacales tienen mucha energía por naturaleza, y uno de ellos es Leo. ¿Sabías que es más probable encontrar a un Leo en el gimnasio que a cualquier otro signo? Les encanta estar activos, hacer ejercicio y mantenerse en forma.

Obviamente, hay miles de millones de personas en el mundo, por lo que muchos cumplen años el mismo día. Pero hay un cumpleaños especial que comparten más personas que ningún otro, y resulta que es el del signo zodiacal de Virgo. ¿Cuál es ese día especial? Es el 9 de septiembre.

¿A qué signo zodiacal pertenecen más multimillonarios del mundo? Según la Lista de Ricos de Forbes, es el signo de Libra. Actualmente hay 32 multimillonarios Libra en el mundo; ¡eso es el 12% del número total de multimillonarios! ¿Serás tú uno de ellos cuando seas mayor?

Los Escorpio también tienen mucho que decir, porque este signo ha dado más líderes mundiales que ningún otro: Un total de 22 presidentes y primeros ministros de distintos países han nacido bajo este signo. Incluso en Estados Unidos ha habido más presidentes de Escorpio que de cualquier otro signo.

¿Te encanta actuar y sueñas con estar en el escenario o en la pantalla? Si eres Sagitario, tienes muchas posibilidades de que ese sueño se haga realidad. Si echas un vistazo a algunas de las mayores celebridades que saltaron a ese campo cuando eran niños, alrededor del 20% de ellos son Sagitario. Esto incluye a celebridades como Britney Spears y Scarlett Johansson.

Si eres Capricornio, puedes sentirte muy especial porque perteneces al signo menos común. Esto significa que hay menos Capricornios en todo el mundo que gente de cualquier otro signo del zodiaco. Durante las fechas regidas por Capricornio, también encontrarás los dos cumpleaños más raros, que son el 25 de diciembre y el 1 de enero. Es casi como si los padres no quisieran tener que comprar demasiados regalos al mismo tiempo.

¿Estás listo para descubrir cuál es tu signo del zodiaco? Sigue leyendo y te lo revelaremos todo.

CAPÍTULO 3
CÓMO SABER TU SIGNO DEL ZODIACO

Probablemente sepas cuándo es tu cumpleaños, pero ¿sabías que tu cumpleaños te dice cuál es tu signo del zodiaco? Cuando naciste, había un signo del zodiaco que regía el cielo nocturno. Los astrólogos creen que el signo concreto que aparecía en el momento en que naciste influiría en tu personalidad a lo largo de tu vida. En los próximos capítulos descubrirás todo sobre los signos del zodiaco y cómo pueden hacerte valiente, cariñoso, divertido y creativo. Pero antes debes saber qué signo te corresponde.

• Si cumples años entre el 20 de enero y el 18 de febrero, eres un Acuario aéreo.

• Del 19 de febrero al 20 de marzo, el signo regente es Piscis, así que si tu cumpleaños cae en esas fechas o entre ellas, eres uno de estos peces sensibles.

• Entre el 21 de marzo y el 19 de abril, Aries está al mando. Este signo de carnero ardiente te pertenece si tu cumpleaños cae en esas fechas o entre ellas.

• Si cumples años entre el 20 de abril y el 20 de mayo, estás bajo la influencia del terrenal Tauro, el gran toro.

• ¿Cumples años el 21 de mayo o entre el 21 de mayo y el 20 de junio? Si la respuesta es afirmativa, los gemelos de Géminis velarán por ti con su influencia de aire.

• Del 21 de junio al 22 de julio, el cangrejo Cáncer está al mando. Si tu cumpleaños cae en estas fechas o entre ellas, entonces te sentirás como en casa con este signo acuático.

• Entre el 23 de julio y el 22 de agosto es el dominio de Leo, el león, que guía con su rugido a los nacidos en estas fechas o entre ellas.

• Si tu cumpleaños cae entre el 23 de agosto y el 22 de septiembre, estás bajo la influencia terrenal de Virgo.

• ¿Has nacido entre el 23 de septiembre y el 22 de octubre? Si es así, estás tan equilibrado como tu signo zodiacal, Libra, la balanza.

• Del 23 de octubre al 21 de noviembre, es la época de Escorpio, el escorpión. Este signo de agua influye sobre cualquiera que cumpla años en estas fechas o entre ellas.

• Entre el 22 de noviembre y el 21 de diciembre, el signo encargado de los cielos es Sagitario, el arquero. Si has nacido en estas fechas o entre ellas, sus flechas ardientes guiarán tu camino.

• Por último, si cumples años entre el 22 de diciembre y el 19 de enero, eres Capricornio. Este mítico signo, mitad cabra y mitad pez, es el último signo de tierra de nuestra lista.

Ahora que ya sabes cuál es tu signo del zodiaco, puedes averiguarlo todo sobre su significado. Conocer tu signo puede ayudarte a entender por qué te gustan unas cosas más que otras. También puede ayudarte a saber por qué algunas cosas te resultan fáciles y otras un poco más difíciles.

No te limites a leer tu propio signo. Conocer los signos zodiacales de tus amigos y familiares puede ayudarlos a entenderse mejor. ¿Tienes un amigo que siempre está callado y al que le cuesta seguirte el ritmo yendo de un lado para otro todo el tiempo? Parece que tú eres un signo de fuego y ellos de agua. En lugar de una actividad enérgica, les encantaría pasar el tiempo haciendo algo creativo contigo. ¿Pueden tú y tu mejor amigo pasar todo el día jugando en un mundo de fantasía? Probablemente ambos sean signos de aire a los que les encanta soñar despiertos y vivir aventuras en mundos imaginarios.

CAPÍTULO 4
ACUARIO

Acuario ocupa el primer lugar de esta lista porque es el signo zodiacal que comienza su influencia en enero, pero en realidad es el undécimo signo del zodíaco. Es un signo de aire y a menudo se representa con un símbolo de dos líneas horizontales en zigzag que representan el viento.

El planeta regente de Acuario es Urano, el séptimo planeta desde el Sol. Este planeta frío y azul influye en el futuro, por lo que los Acuario son muy buenos planificando. También presta su color a este frío signo del zodiaco, haciendo del azul claro una importante influencia. Mucha gente cree que Acuario es un signo de agua porque se asocia con el color azul, pero no es así.

Otra razón por la que la gente piensa erróneamente que Acuario es un signo de agua es que la constelación de Acuario, que da nombre al signo zodiacal, representa a un joven que lleva una jarra de agua. Esta constelación se conoce como Acuario, el Portador de Agua.

Todos los signos del zodíaco tienen sus propios números de la suerte. Puede que signifiquen algo especial para ti, o puede que tengas la oportunidad de utilizarlos en el futuro para darte un poco más de suerte. Para Acuario, los números de la suerte son el 4, el 7, el 11, el 22 y el 29.

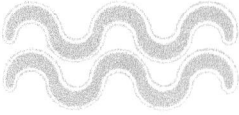

TODO SOBRE EL IMPRESIONANTE ACUARIO

Si eres Acuario -o tienes un amigo nacido bajo este signo zodiacal- es posible que reconozcas algunos de estos rasgos de personalidad. A los Acuario les gusta usar mucho el cerebro. Quieren aprender cosas nuevas y tener amigos con los que poder hablar de ellas. Por eso son más felices cuando trabajan en un proyecto de grupo, porque tienen a mucha gente con la que discutir sus ideas.

A menudo se puede encontrar a un Acuario sumido en sus pensamientos y tratando de resolver todos los problemas del mundo. Sin embargo, esto significa que pueden aburrirse rápidamente si no están haciendo algo que les suponga un reto. Los Acuario suelen sentirse atraídos por temas creativos, como el arte y la música, o inventivos, como la ciencia y la tecnología. Esto se debe a que pueden ampliar los límites de la materia e idear proyectos nuevos y emocionantes.

Como les gusta mucho pensar, los Acuario suelen ser callados. No se les suele encontrar acelerados y llenos de energía física; ese tipo de comportamiento es más propio de los signos de fuego. Esta cualidad tranquila los convierte en buenos oyentes, sobre todo si les cuentas tus problemas. Podrán ayudarte a encontrar soluciones y animarte a plantearte los problemas de formas nuevas.

Otra buena cualidad que se desprende del signo Acuario es que quieren hacerlo todo mejor. Les gusta mejorar la vida de todos los que los rodean. De adulto, eso puede significar crear nuevos inventos o hacer obras de caridad, y de niño, cortar el césped del vecino o ayudar en las tareas domésticas. A los Acuario les gusta defender aquello en lo que creen, por lo que son muy buenos movilizándose por una causa. Un Acuario sería un excelente presidente de clase.

¡AIROSAS AVENTURAS DE ACUARIO!

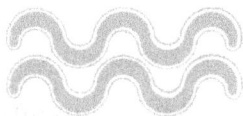

Un Acuario puede tardar un tiempo en acostumbrarse a alguien, así que si tienes la suerte de tenerlo como amigo, asegúrate de ser siempre amable con él. A los Acuario no les gustan las promesas incumplidas ni que los decepcionen. Se toman los disgustos muy a pecho y los sienten profundamente. De hecho, los Acuario sienten todas sus emociones muy intensamente, lo cual es estupendo si están contentos y entusiasmados con algo.

A los Acuario no les gusta sentirse solos y excluidos. Les encanta estar en un grupo, pero también pueden ser un poco tímidos a la hora de unirse. Lo mejor que puedes hacer por un amigo Acuario es invitarlo a hacer cosas contigo y asegurarte de que siempre se sienta incluido. A cambio, te recompensarán con conversaciones interesantes, lealtad y compromiso total.

¡CONOCIDOS PARA ACUARIO!

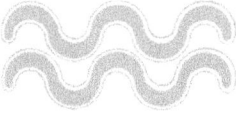

Las personas con los signos zodiacales de Libra y Géminis siempre hacen buenas migas con un Acuario. También son signos de aire, y los tres tienden a pensar de forma similar. Los signos de aire y los signos de fuego también pueden hacer buenas migas porque todos pueden ser bastante impulsivos.

Sagitario también se lleva bien con Acuario. Ambos signos están muy próximos en la rueda zodiacal, lo que significa que tienen mucho en común. A ambos les encanta vivir aventuras y probar cosas nuevas. También les encantan las conversaciones interesantes y las actividades en las que pueden aprender juntos.

Otro buen amigo para un Acuario es un Leo. Son signos opuestos, pero aun así tienen mucho en común. Ambos son leales a sus amigos y les encanta pasar tiempo en grupo. Ambos signos se preocupan mucho por sus amigos y siempre los apoyarán y cuidarán.

¡CARRERAS ARTÍSTICAS PARA ACUARIO!

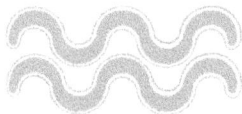

A los signos de Acuario les gusta crear cosas nuevas, por eso hay muchos buenos músicos y actores de Acuario. Si te da vergüenza subirte a un escenario, hay muchos otros trabajos en el mismo sector, como confeccionar disfraces o hacer coros en un estudio de grabación.

También les interesa descubrir cosas nuevas y resolver problemas, por lo que trabajar en el desarrollo de nuevas tecnologías los llenaría. A los Acuario les encanta ayudar a los demás, así que si esa nueva tecnología trata enfermedades o mejora la sociedad, aún mejor. Como a los Acuario se les da muy bien explicar las cosas y les encanta educar a los demás, suelen ser unos profesores fantásticos.

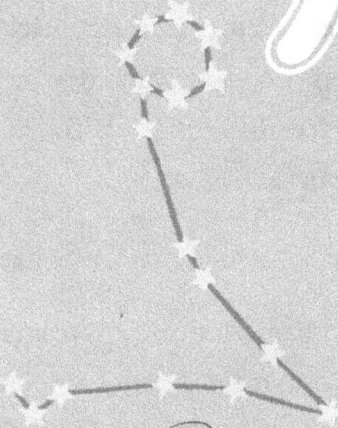

CAPÍTULO 5
PISCIS

Piscis es el duodécimo y último signo del zodiaco. Toma su nombre de una constelación de dos peces, por lo que no es de extrañar que Piscis sea un signo de agua. El color especial de Piscis es el verde claro.

El planeta regente de Piscis es Neptuno, el octavo planeta alejado del Sol. A Neptuno se le llama gigante de hielo porque es grande y helado y está cubierto de sustancias químicas gélidas, pero eso no significa que los Piscis sean personas frías. De hecho, si estás regido por Neptuno significa que tienes una gran imaginación y un fuerte lado espiritual.

Como todos los demás signos del zodíaco, los nacidos bajo Piscis tienen su propio conjunto de números especiales que les ayudan en su vida.

Puede que notes que siempre aparecen en cosas como tu número de teléfono, tu dirección o las direcciones de tus buenos amigos. Para un Piscis, los números 3, 9, 12, 15, 18 y 24 tienen un significado especial.

¡PRESENTANDO AL AGRADABLE PISCIS!

Los Piscis son grandes soñadores y se pasan el tiempo pensando en cosas místicas y fantásticas. Tienen una mentalidad muy abierta y pueden verse atrapados en la búsqueda de respuestas a grandes preguntas como por qué el cielo es azul, por qué los flamencos son rosas o por qué tengo que acostarme a una hora determinada.

Si conoces a un Piscis, probablemente sea el amigo que mejor te apoya emocionalmente. Cuando te sientas triste, estará ahí con un hombro en el que apoyarte y un oído para escuchar todos tus problemas. A los Piscis se les suele llamar empáticos, lo que significa que son buenos percibiendo las emociones de los demás y sintiéndolas también. Se sentirán felices cuando tú lo estés y tristes cuando tú lo estés, lo que ayuda a que sus amigos sientan que no están solos.

Piscis se preocupa mucho por los sentimientos de sus amigos. Si los necesitas, se asegurarán de ser el mejor amigo que puedan ser y apoyarte. De hecho, apoyar a sus amigos y familiares es una de sus mayores prioridades. Si eres Piscis, ¡no olvides cuidarte también! Pero, Dios mío, ¿no son afortunados tus amigos y tu familia por tenerte?

Al igual que Acuario, a los Piscis les encanta ser creativos, y si no están tocando música, escribiendo historias o pintando cuadros, pueden sentir que su energía se está apagando. Muchos Piscis eligen una de estas aficiones como parte importante de su carrera, ya sea enseñando a otros o actuando ellos mismos.

Los Piscis son muy amistosos y disfrutan conociendo gente nueva, lo que les facilita hacer amigos. Sabes que puedes confiarles tus secretos porque son muy dignos de confianza. Un Piscis tiene un gran corazón en el que cabe todo el mundo. Quieren mucho a sus amigos, a su familia y a sus mascotas.

¡LA PERSONALIDAD DE PISCIS ES TAN POSITIVA!

Los Piscis prefieren ver el mundo desde una perspectiva muy positiva, en la que todos son amigos. Por eso, si ven que alguien se porta como un malvado, pueden sentirse muy molestos. Los Piscis creen firmemente que hay que tratar a los demás como te gustaría que te trataran a ti.

Como los Piscis son tan creativos, pueden entristecerse si alguien no disfruta inmediatamente de su trabajo. Los Piscis ponen todo su corazón y su alma en sus proyectos, así que si alguien no demuestra rápidamente cuánto les gusta, pueden tomárselo muy a pecho. Crean arte para hacer felices a los demás, y cuando esto no funciona, puede entristecer mucho a un Piscis.

¡AMIGOS PARA PISCIS!

A los Piscis les gusta tratar de llevarse bien con todo el mundo, pero algunos signos los hacen más felices que otros. Se sienten atraídos por los otros signos de agua, Escorpio y Cáncer, pero también les resulta fácil entablar amistad con los signos de tierra.

Virgo y Piscis funcionan bien juntos porque ambos quieren lo mismo de una amistad: alguien que siempre esté ahí para ellos. Tanto Virgo como Piscis disfrutan ayudando a los demás y siendo solidarios, por lo que al ser amigo de un Virgo, un Piscis también tendrá a alguien que cuide de él.

Tauro es otro signo que se lleva bien con Piscis, a pesar de que los dos signos tienen características opuestas. Un Tauro ve el mundo de forma muy realista, y un Piscis es más soñador. Juntos, funcionan bien para equilibrarse. A ambos les gusta pasar tiempo con alguien que les muestre diferentes formas de pensar.

¡PROFESIONES QUE POTENCIAN A PISCIS!

Como los Piscis son tan cariñosos, un trabajo en el que puedan cuidar de otras personas sería muy satisfactorio. Desde médicos y enfermeras hasta el cuidado de niños e incluso de mascotas. Piscis puede dedicar su tiempo a ayudar a los demás de muchas formas distintas. Los Piscis también son buenos terapeutas gracias a su capacidad para relacionarse con los sentimientos de los demás.

Otra buena opción para Piscis es hacer algo creativo y artístico. Les encanta diseñar y hacer algo nuevo, contar historias y devolver un poco más de magia al mundo. Un pastelero normal puede hacer tartas, pero un pastelero Piscis diseñará maravillosas tartas de cumpleaños que se llevarán todas las miradas en cualquier fiesta de cumpleaños.

CAPÍTULO 6
ARIES

Cuando los antiguos astrólogos crearon el zodíaco, eligieron como fecha de inicio el día de primavera en que el sol se encuentra justo sobre el ecuador terrestre. Es el Equinoccio Vernal, un día especial porque la duración del día y de la noche es exactamente la misma. Este día comienza el zodíaco con Aries, el primer signo.

Aries es una constelación que parece un enorme carnero. En la mitología griega, este carnero tenía un raro vellocino de oro. Como Aries es un signo de fuego, su color especial es el rojo. Aries también está regido por el planeta rojo Marte. Marte es el cuarto planeta desde el Sol y se cree que hace que la gente sea decidida y tenga ganas de triunfar.

Los nacidos bajo el signo zodiacal de Aries también tienen sus propios números de la suerte. Son el 1, el 8 y el 17. No es de extrañar que entre ellos esté el número uno, porque a los Aries les encanta ser los primeros en todo.

¡TODO SOBRE EL ASOMBROSO ARIES!

Los Aries están llenos de energía. Siempre tienen que estar haciendo algo y no soportan aburrirse. Hagan lo que hagan, los Aries se esfuerzan por ser los mejores porque son muy competitivos. Un Aries trabajará duro y se concentrará en aprender todo lo que pueda para mejorar su juego. Los Aries son especialmente buenos en deportes independientes, como el tenis, el golf y el ajedrez, porque están muy concentrados. (Sin embargo, también son un gran miembro del equipo).

¿Tienes algo que te gusta más que cualquier otra cosa y desearías que todos los demás también lo hicieran? Aries puede ser muy apasionado y entusiasta, y le encanta compartirlo con los demás. Cuando un Aries encuentra algo que le gusta, se entrega en cuerpo y alma a ello.

También son muy decididos y no les gusta estancarse en un problema. Así que, si eres Aries, tómate tu tiempo para pensar en la mejor solución al problema y no te precipites. Esto puede marcar la diferencia.

Los Aries son muy divertidos como amigos porque siempre están pensando en cosas emocionantes que hacer para todos. Les encanta conocer gente nueva y hablarán con cualquiera sin sentirse tímidos ni nerviosos. A los Aries nunca les preocupa lo que la gente piense de ellos porque saben que son increíbles.

Todo el mundo tiene claro que Aries es un signo de fuego porque tiene mucha energía. Este fuego también potencia sus emociones, haciendo que sus sentimientos internos sean muy obvios. No tendrás que adivinar de qué humor están.

¡A UN ARIES LE ENCANTA MANTENERSE ACTIVO!

Como los Aries son tan activos todo el tiempo, les desconcierta cualquier retraso o interrupción. Debido a su naturaleza ardiente, Aries no se lleva bien con el aburrimiento. Aunque estas cosas pueden crear un Aries gruñón, no te preocupes, ¡se animan muy rápido!

Aries también puede sentirse frustrado si cree que no está demostrando su mejor habilidad. Aries podría sentirse más a gusto en el campo del deporte, y preferiría utilizar su talento deportivo que quedarse en casa. Esto es algo importante en lo que pensar a la hora de elegir una carrera. A Aries le encanta hacer cosas que se le dan bien y prefiere brillar poniendo en práctica sus habilidades.

¡ALIADOS DE UN ARIES!

Los otros signos de fuego, Leo y Sagitario, siempre se lo pasarán bien con un Aries. Estos signos están llenos de la misma energía brillante y les encanta estar activos juntos. Leo y Sagitario pueden seguir el ritmo de los pensamientos y las ideas de Aries y darán lo mejor de sí mismos en una discusión.

Leo y Aries casi siempre van a ser mejores amigos. A ambos signos les encantan las aventuras y explorar cosas nuevas, así que cuando estén juntos nunca se aburrirán. Aries y Leo son muy buenos comunicadores. Escucharán las opiniones del otro, aunque sean diferentes.

Otro signo que se lleva bien con Aries es Libra. Están en lados opuestos de la rueda zodiacal, lo que significa que tienen personalidades opuestas, pero también que se equilibran mutuamente. A los Aries les encanta liderar y tomar decisiones, lo que resulta apasionante para Libra. Los Libra son más tranquilos y amables, lo que significa que no discutirán con los Aries y es más probable que estén de acuerdo con ellos que en desacuerdo.

¡EMPLEO AVENTURERO PARA ARIES!

A los Aries les encantan los retos y suelen querer una carrera en la que puedan llegar a lo más alto. Los Aries son excelentes vendedores porque les resulta fácil hablar con los demás. Al igual que los profesores recompensan las buenas notas y el buen comportamiento, en los trabajos de ventas se suele hacer algo parecido por hacerlo bien, lo que se llama bonificación, ¡y a los Aries les encanta luchar por un premio!

Aries también es un gran gestor. Les encanta dirigir equipos e inspirar a la gente. Muchos empleos en el mundo de los negocios requieren directivos que dirijan equipos de trabajadores, por lo que un Aries siempre puede encontrar un trabajo de dirección en un área que le interese.

Como Aries es aventurero, disfrutará con un trabajo que le lleve a lugares nuevos. Trabajar como guía turístico o enseñando surf a turistas sería ideal. No sólo conocerán a mucha gente interesante, sino que podrán demostrar sus conocimientos locales. Además, tendrán mucho tiempo libre en sus días libres para explorar por su cuenta o con sus amigos.

CAPÍTULO 7
TAURO

El segundo signo del Zodíaco es otro animal fuerte: Tauro, el toro. Tauro es un signo de tierra y su planeta regente es Venus, el segundo planeta desde el sol. Esta combinación hace que Tauro quiera sentirse conectado con todos y con todo. Están muy orientados a los sentidos, lo que significa que los abrazos de sus perros y gatos y las caricias a los animales harán feliz a Tauro.

Al ser un signo de tierra, es obvio por qué el color característico de Tauro es el verde, pero también tienen otro color especial: el rosa. También tienen números especiales, que pueden traer buena suerte a los Tauro. Los números especiales de Tauro son el 2, el 6, el 9, el 12 y el 24.

¡EL FANTÁSTICO TAURO!

Una de las principales cualidades de un signo de tierra es que son sólidos y fiables. Las personas nacidas bajo el signo zodiacal de Tauro no son diferentes. Puedes confiar en que un Tauro siempre estará a tu lado cuando lo necesites. También puedes confiar en ellos como compañeros de estudio porque definitivamente cumplirán con su parte del proyecto.

Los Tauro también son muy trabajadores. No se rinden hasta que un proyecto está completamente terminado, aunque lleve meses. Si necesitas a alguien que te ayude a terminar un videojuego largo, un Tauro es la persona indicada. No les importa que algo lleve años, porque otra cualidad de los Tauro es que son muy pacientes.

No es frecuente encontrar a un Tauro soñando despierto con la cabeza en las nubes. Los Tauro tienen los pies en la tierra -¿qué más se puede esperar de un signo de tierra?- y, aunque disfrutan con la creatividad de los mundos y las ideas fantásticas, a menudo prefieren prestar atención al mundo que les rodea.

A los Tauro les encanta ser creativos y hacer cosas bonitas, sobre todo si incluyen elementos naturales. Se sienten muy a gusto en la jardinería y cuidando flores de colores, pero también pueden disfrutar cocinando, pintando y tocando música. Los Tauro son muy prácticos, por lo que hacer cosas -o cuidarlas- con sus manos les proporcionará alegría.

Aunque los signos de fuego son muy rápidos para hacer amigos, a los Tauro les gusta tomarse su tiempo. La amistad con un Tauro puede durar toda la vida. Los Tauro son amigos muy solidarios y siempre ofrecen ayuda: Por ejemplo, si se te rompe la cadena de la bici, serán los primeros en ayudarte.

¡TAURO ATESORA TIEMPO Y TAREAS!

Los Tauro a veces están tan anclados en el mundo real que no soportan que algo cambie. Un cambio repentino de planes puede alterarles y hacerles sentir frustrados. Por suerte, una buena palmada en la espalda y unas palabras tranquilas de sus amigos suelen bastar para que vuelvan a sentirse estables.

A los Tauro les gusta pensar las cosas detenidamente y suelen tener todo el día planeado. Esto significa que les gusta que las cosas vayan según lo planeado y prefieren no tener cambios en su día.

¡ALÍATE CON UN TAURO!

Los otros signos de tierra -Virgo y Capricornio- son buenos amigos para Tauro. Esto se debe a que todos piensan de forma similar y práctica. A Tauro puede resultarle difícil entenderse con los signos más extrovertidos, como Leo y Aries, o con el imaginativo Acuario, que siempre está soñando con el futuro.

¿Has oído alguna vez el dicho de que los polos opuestos se atraen? Es cierto para los imanes, pero también lo es para Tauro y su signo opuesto, Escorpio. En lugar de molestarse mutuamente con sus diferentes formas de pensar y comportarse, se unen por lo que tienen en común. Tauro y Escorpio son personas muy leales y solidarias, que es lo que se necesita para construir una amistad sólida. Escorpio puede enseñar a Tauro a ser enérgico y a entusiasmarse con nuevas aventuras, y Tauro enseñará a Escorpio a hacer planes y a ser fiable.

¡TREMENDOS OFICIOS PARA UN TAURO!

Los Tauro son muy buenos trabajadores por muchas razones. Cualquier carrera que requiera trabajar en proyectos, hacer planes y pensar en los pequeños detalles mantendrá a un Tauro ocupado y lleno. A los Tauro también se les da muy bien gestionar sus finanzas, por lo que trabajar en un banco o en el sector financiero les vendría como anillo al dedo.

Trabajar en la naturaleza es otro gran camino para un Tauro. Le encantaría trabajar como agricultor, cuidar animales en el zoo o estudiar plantas como botánico. Incluso un trabajo en una tienda de orfebrería o como paisajista sería interesante para este signo de tierra.

CAPÍTULO 8
GEMINIS

Este signo recibe su nombre de dos personajes distintos de la mitología griega: los gemelos Cástor y Pólux. Es el tercer signo del zodiaco y otro signo asociado al elemento aire. Géminis suele representarse con el color amarillo, lo que lo convierte en un signo alegre y luminoso.

El planeta regente de todos los Géminis es Mercurio, el planeta más cercano al sol. Mercurio era el mensajero de los dioses, y este planeta hace que los Géminis sean muy buenos comunicándose con los demás.

Todos los signos del zodiaco tienen números especiales que se consideran de buena suerte. Los números de Géminis son el 5, el 7, el 14 y el 23. Si eres Géminis y notas que estos números aparecen en tu vida, podría ser una señal de que el universo te está enviando cosas buenas.

¡UNA MIRADA AL GRAN GÉMINIS!

Géminis está representado por dos gemelos, por lo que reúne muchas personalidades en una sola persona. A veces, puede parecer que un Géminis cambia de un comportamiento a otro, como pasar de ser muy hablador y amistoso a quedarse callado y necesitar estar solo. Esto es perfectamente normal, y parte de la diversión de conocer a un Géminis es que son tan adaptables.

Por su adaptabilidad, Géminis es el signo menos testarudo. Les encantan los cambios y a menudo buscan nuevas experiencias. Los Géminis rara vez se quedan quietos y les gusta salir con muchos grupos de amigos, haciendo actividades y proyectos diferentes. Es una suerte que hagan amigos con tanta facilidad, porque disfrutan con un montón de amigos distintos para mantenerse ocupados.

A los Géminis les encanta hablar y son felices charlando con todo el mundo. No suelen discutir con quienes tienen opiniones distintas. De hecho, lo más probable es que un Géminis cambie de opinión si le cuentas algo nuevo.

Si tienes un amigo Géminis, has sido bendecido porque son las personas más amables y gentiles. También son amantes de la diversión y se asegurarán de que siempre lo paséis bien juntos. Los Géminis se preocupan mucho por sus amigos y se lo demuestran mostrándoles su admiración siempre que tienen ocasión.

¡GÉMINIS BRILLA EN GRUPO!

Como los Géminis siempre están a la caza de algo nuevo que hacer, los vuelve locos hacer lo mismo una y otra vez. Si se ven atrapados en las mismas rutinas, intentarán salir de ellas como sea. Pero, por supuesto, todo el mundo necesita rutinas, como lavarse los dientes o hacer los deberes, así que los Géminis prefieren que sean divertidas.

A los Géminis no les gusta estar solos. Aunque les encanta leer, escuchar música y ver películas, prefieren hacer estas cosas con sus amigos que solos. Si un Géminis decide que necesita pasar un rato a solas, no será por mucho tiempo, y pronto volverá a ser una persona sociable.

¡LLEVARSE BIEN CON UN GÉMINIS!

Es casi imposible no llevarse bien con un Géminis porque son muy extrovertidos y simpáticos. Los signos de agua pueden encontrar esto difícil de manejar porque quieren una amistad más profunda, pero a los signos de fuego les encanta la energía social de Géminis.

Pero los mejores signos para llevarse bien con un Géminis son los otros signos de aire, Acuario y Libra. Les encanta mantener largas e inteligentes discusiones y proponer nuevas ideas y aventuras juntos.

Como los Géminis tienen dos gemelos que velan por ellos, a veces pueden sentirse como dos personas distintas. Necesitan un buen amigo al que no le importe que un día sean extrovertidos y al siguiente quieran estar solos en casa, y Géminis encontrará esto en un Sagitario. Sagitario es fácil de llevar, y prosperan en situaciones cambiantes, por lo que no tendrá ningún problema en la gestión de las emociones de un Géminis. Además, arrastrarán a Géminis en sus aventuras y le harán vivir nuevas y emocionantes experiencias.

¡GRANDES TRABAJOS PARA UN GÉMINIS SUPERDOTADO!

Para sentirse realmente satisfechos en su carrera, los Géminis necesitan un trabajo en el que hagan algo diferente cada día. Tienden a aburrirse trabajando en el mismo proyecto hasta que lo terminan, y prefieren dedicarse a actividades diferentes y estar en un entorno diferente el mayor tiempo posible. Por eso a los Géminis les encantan trabajos como la fotografía o la dirección de giras de estrellas del pop, donde visitarán un lugar nuevo y conocerán a gente nueva cada día.

Otras buenas carreras para los Géminis implican situaciones en las que tienen que comunicarse bien con los demás, como ser profesor o tutor. No sólo cada día es diferente, sino que los Géminis son tan simpáticos y habladores que podrán conectar hasta con los alumnos más difíciles.

A los Géminis les encanta ser su propio jefe, por lo que trabajar como autónomo o dirigir su propia empresa es un trabajo de ensueño. Cuando un Géminis está a cargo de su propia carrera, puede hacer exactamente lo que quiere y perseguir sus propios intereses. Cuando se sienten inspirados por lo que aman, trabajarán muy duro, así que es una situación en la que todos salen ganando.

CAPÍTULO 9
CÁNCER

El cuarto signo del zodíaco es otro signo de agua. Este signo recibe su nombre de la constelación de un cangrejo gigante. Podría pensarse que el color asociado a Cáncer es el rojo -como el cangrejo-, pero en realidad es el blanco. Esto tiene sentido si tenemos en cuenta que Cáncer está regido por la Luna.

De hecho, Cáncer es uno de los dos únicos signos del zodiaco que no tiene un planeta regente. La Luna no es un planeta, pero es muy importante para la Tierra porque ayuda a que las mareas fluyan. Esto hace que esté muy relacionada con el agua, así que, por supuesto, está vinculada a un signo de agua.

Cáncer tiene su propio conjunto de números especiales, al igual que los demás signos del zodiaco. Son el 2, el 3, el 15 y el 20. Estate atento y puede que los veas aparecer en tu vida como amuletos de buena suerte.

¡CARACTERÍSTICAS DE UN CÁNCER!

Las emociones son muy importantes para todos los signos de agua. Los Cáncer son conocidos por dejar que sus emociones tomen las decisiones por ellos y suelen guiarse por lo que sienten. Suelen elegir con el corazón: si un Cáncer quiere helado para cenar, ¡eso es lo que va a tomar!

Los Cáncer son muy buenos percibiendo las emociones de los demás, y harán todo lo posible para que sus amigos y familiares se sientan queridos. Estas personas son muy especiales para Cáncer, y no pueden sentirse relajados y en casa si alguien a quien quieren es infeliz.

Aunque los Cáncer disfrutan socializando, realmente prosperan durante su "tiempo para sí". Dado que los Cáncer son tan independientes durante este "tiempo para sí", les resulta mucho más fácil concentrarse sin distracciones. Esto significa que se les da muy bien hacer los deberes o terminar un proyecto en el que están trabajando, como pintar o programar un videojuego increíble.

¡LOS CÁNCER SON TRANQUILOS Y CARIÑOSOS!

Un Cáncer puede tardar algún tiempo en simpatizar con gente nueva, pero cuando lo hace, se convierte en una auténtica amistad. Son sociables, pero a veces un poco tímidos. Valoran a un amigo en el que puedan confiar, así que asegúrate de cumplir tus promesas con un Cáncer.

Estar cerca de la familia y pasar tiempo en casa es realmente importante para un Cáncer porque éste es su espacio favorito. Tienen fuertes valores familiares y defenderán a su manada como auténticos héroes. Un Cáncer siempre estará a tu lado cuando más lo necesites.

¡COMPAÑEROS PARA UN CÁNCER!

Dado que los Cáncer están tan en sintonía con sus sentimientos, necesitan amigos que comprendan su naturaleza tranquila. Los signos más capaces de ser amables y gentiles con Cáncer son los otros signos de agua, Piscis y Escorpio. Saben lo que se siente al ser muy consciente de sus propias emociones y pueden dar a Cáncer el espacio y la comprensión que necesita para sentirse valorado.

Los signos de tierra Capricornio y Libra también se llevan bien con Cáncer porque son estables y tienen los pies en la tierra. Ambos son leales y respetan el trabajo duro necesario para ganarse la confianza de Cáncer. Capricornio también comparte la misma ética de trabajo que Cáncer -a ambos signos les gusta centrarse por completo en sus proyectos-, por lo que forman un gran equipo. Libra y Cáncer disfrutan de un espacio súper acogedor dondequiera que estén, por lo que Libra sabe lo importante que es crear un entorno impresionante para que Cáncer se relaje.

¡CARRERAS CREATIVAS PARA UN CÁNCER!

Los Cáncer saben lo importante que es tener un espacio confortable, por lo que una carrera en la que ayuden a los demás a encontrarlo les resultará muy gratificante. Ya sea trabajando como agente inmobiliario, decorador o diseñador de interiores, Cáncer prosperará en la recompensa emocional de ver a sus clientes satisfechos.

La arquitectura es otra gran opción profesional que permitirá a los Cáncer diseñar las casas de otros. Los arquitectos suelen trabajar solos y sus diseños pueden incluir muchos detalles. Ambas cosas permiten a Cáncer ser más productivo.

Ser capaz de percibir las emociones de los demás es un rasgo muy característico de Cáncer, y muchos suelen buscar una profesión en la que puedan ponerlo en práctica. Los Cáncer son excelentes enfermeros, niñeros, trabajadores sociales y cuidadores a domicilio. Les encanta cuidar de los demás y tratan a todo el mundo con el mismo cuidado y respeto.

CAPÍTULO 10
LEO

Este signo extrovertido es el quinto signo del zodíaco. En la rueda del zodiaco, Leo aparece frente a Acuario, lo que indica que estos signos tienen personalidades opuestas. Leo recibe su nombre de la constelación de un gran león que merodea por el cielo nocturno. Los colores de este signo son brillantes y vivos: dorado, naranja y amarillo.

Leo no tiene un planeta regente, sino una estrella regente. Leo está regido por el Sol. El sol es la parte más brillante del sistema solar, por lo que a los Leo también les gusta ser la parte más brillante de sus círculos familiares y de amistad. Están llenos de vida e iluminan a todos los que los rodean.

Los Leo deberían estar atentos a los siguientes números especiales que aparecen a lo largo de su vida: 1, 3, 10 y 19. Si ves uno de ellos, podría ser una señal de que estás avanzando en la dirección correcta.

¡APRENDE SOBRE EL LEGENDARIO LEO!

El león es el rey de la selva, y los Leo tienden a sentirse el líder de la manada allá donde van. Les encanta ser el centro del escenario y disfrutar de todo lo que conlleva ser una estrella. Leo nunca es tan feliz como cuando muestra su talento y personalidad, ya sea en una actuación o hablando en grupo.

Los Leo son ideales para trabajar en proyectos escolares porque se encargan de organizar a todo el mundo. También estarán encantados de hacer la presentación final porque les encanta hablar delante de la clase. Obtienen toda su confianza del Sol regente y no pueden esperar a que llegue su oportunidad de brillar.

Los Leo tienen un corazón bondadoso y cuidan de todos los de su manada, a la vez que hacen amigos increíbles. Siempre están dispuestos a realizar actividades divertidas, enérgicas y emocionantes, así que sabes que lo pasarás bien si hay un Leo en tu grupo.

¡A LOS LEO LES ENCANTA LIDERAR!

Como los Leo pueden parecer muy seguros, la gente suele olvidar que ellos también tienen sentimientos. Asegúrate de tratar a tus amigos Leo con la misma amabilidad y compasión con la que tratas a todo el mundo.

Los Leo son conocidos por ser uno de los signos más voluntariosos. Saben lo que quieren hacer y cómo quieren hacerlo. Conseguir que un Leo cambie de opinión o llegue a un compromiso requiere mucha negociación, porque los Leo no se rinden fácilmente. Esto puede ser bueno si tienes un problema que resolver, porque los Leo seguirán trabajando en él hasta que encuentren la respuesta.

¡CONÉCTATE CON UN LEO!

Otros signos de fuego, Aries y Sagitario, tienen la misma energía ruidosa y vibrante que Leo, así que cuando todos se juntan, pueden surgir fuegos artificiales. Esto puede dar lugar a mucha diversión y emoción.

Los signos de aire Géminis y Acuario son fantásticos amigos de Leo. El fuego necesita aire para arder, así que es lógico que los signos de fuego y aire sean grandes amigos. A los signos de aire les gustan los retos, y tratar de seguir energéticamente el ritmo de un Leo sin duda lo es.

¡VIDAS PARA UN LEO!

A Leo le encanta ser el centro de atención, por lo que cualquier carrera en la que pueda desempeñar un papel protagonista es perfecta. Ser actor o político le dará a Leo montones de admiradores. Para los Leo que prefieren estar un poco más en segundo plano, pero quieren seguir disfrutando del estilo de vida de los ricos y famosos, hay muchas profesiones, como agente de talentos, asistente personal o fotógrafo.

Los Leo son creativos por naturaleza, por lo que también disfrutarán de un trabajo en el que puedan poner en práctica su naturaleza artística. Ser artista o diseñador puede ser divertido para un Leo. Tampoco les asusta el trabajo duro, así que estarán encantados de esforzarse para comercializar su trabajo y hacerse un nombre.

CAPÍTULO 11
VIRGO

Virgo es el quinto signo del zodíaco y llega en el momento en que el verano se convierte en otoño. Como signo de tierra, los Virgo se sienten muy unidos a la naturaleza y a los cambios que se están produciendo. Incluso la constelación de Virgo muestra a la diosa de la cosecha sosteniendo un tallo de trigo.

Virgo sigue a Leo, y ambos tienen colores especiales similares, pero los colores de Virgo son más apagados. Son amarillo pálido, beige y gris. El planeta regente de Virgo es Mercurio, el mismo planeta que Géminis. Esto ayuda a los Virgo a comunicarse bien con los demás.

Todos los signos zodiacales tienen algunos números que pueden darles suerte. Estos números pueden aparecer en tu vida, o puedes elegirlos en una camiseta deportiva o en la combinación de tu casillero. Los números de la suerte para Virgo son el 5, el 14, el 15, el 23 y el 32.

¡DATOS VITALES SOBRE EL VIBRANTE VIRGO!

Los Virgo son absolutamente perfeccionistas. Todo lo que hacen, hasta el más mínimo detalle, tiene que ser lo mejor posible. En la escuela, los Virgo se aseguran de que sus proyectos estén repletos de información. Siempre trabajan duro y disfrutan con tareas prácticas como la construcción de maquetas y los experimentos científicos.

Prestan la misma atención a sus amistades. Siempre recuerdan el cumpleaños de todo el mundo, cuál es su merienda favorita y a quién le gusta qué deporte. Trabajan duro para asegurarse de que los demás se divierten, pero esto puede significar que no tienen mucho tiempo para hacer lo que quieren. A los Virgo tampoco se les da bien no hacer nada, por lo que les resulta difícil relajarse.

Los Virgo pueden ser un poco duros consigo mismos cuando creen que no han hecho algo lo mejor posible. Necesitan tener buenos amigos a su alrededor que les recuerden lo increíbles que son.

¡LOS VALORES DE VIRGO!

A diferencia de los signos de fuego y aire, los Virgo pueden ser tímidos con grupos de personas que no conocen bien. Prefieren pasar el tiempo con un pequeño grupo de buenos amigos que ir a una gran fiesta ruidosa.

Los Virgo son amables, cariñosos y atentos, y prefieren estar rodeados de personas que sientan lo mismo. No aprecian que alguien no sea amable, sean cuales sean las circunstancias.

¡VISITANTES PARA VIRGO!

Los Virgo se sienten como en casa cuando pasan tiempo con otros signos de tierra. Comparten su forma de pensar realista y su amor por la naturaleza. Los Virgo también tienen buenas amistades con los signos de agua Cáncer y Piscis.

A Piscis le gusta dejar que Virgo se tome su tiempo para hacer amigos, porque sabe que esto conducirá a una amistad profunda. Cáncer y Virgo tienen un enfoque similar del trabajo: les gusta que todos los detalles sean correctos, por lo que Cáncer entenderá la necesidad de Virgo de ser cuidadoso en todo lo que hace.

¡VOCACIONES PARA UN VIRGO!

Su orientación al detalle hace que Virgo sea ideal para las carreras de ciencias y matemáticas. Los contables trabajan con las finanzas de otras personas y se aseguran de que no haya errores en su papeleo, algo que a un Virgo le encantaría. Los investigadores deben trabajar con muchos detalles y los Virgo son científicos muy cuidadosos.

Los Virgo son buenos comunicadores, por lo que también disfrutarían trabajando como editores. Su trabajo consistiría en asegurarse de que no hubiera errores en los libros antes de publicarlos. Prestan mucha atención a los detalles y no se aburrirían, aunque tardaran días en leerlo todo. También disfrutarían ayudando a enviar historias al mundo.

CAPÍTULO 12
LIBRA

Este signo de aire es el séptimo signo del zodíaco. Libra debe su nombre a la constelación que representa una balanza. Esto ayuda a los Libra a ser equilibrados y no les gusta que la gente se vaya a los extremos. Libra está regido por Venus, lo que también significa que buscan la armonía.

Los colores más asociados a Libra son el rosa y el verde. Puede parecer que estos colores no combinan bien, pero encajan con la parte de la personalidad de Libra que quiere hacer las paces entre las distintas partes.

Libra tiene una serie de números especiales, al igual que los demás signos del zodiaco. Son el 4, el 6, el 13, el 15 y el 24. Si eres Libra, estate atento para ver si estos números aparecen en tu vida. Si es así, puede que te traigan buena suerte.

¡CONOCE AL LEAL LIBRA!

Los Libra suelen sentir que es su deber resolver todos los problemas del mundo y no les gusta nada que no sea justo. A los Libra se les da muy bien decidir cómo compartir las cosas equitativamente y encontrar soluciones a los problemas que convengan a todos. Si trabajas en grupo, puedes confiar en que los Libra se asegurarán de que cada uno haga su parte del trabajo y reciba los mismos elogios al final.

Como a otros signos de aire, a los Libra no les gusta pelear. Son personas muy pacíficas y se mantienen al margen de las discusiones en la medida de lo posible. Sin embargo, no es posible contentar a todo el mundo al mismo tiempo, aunque los Libra siempre se esfuercen al máximo. Les gusta hablar con los demás y se sienten a gusto en grupos de gente.

Como cabría esperar de un signo al que no le gustan los conflictos, los Libra son muy amables y cariñosos. Harán todo lo posible por no disgustar a sus amigos. A los Libra se les da muy bien hablar de sus problemas y hacer saber a todo el mundo cómo se sienten, y también pueden inspirar a los demás para que hagan lo mismo. Una vez que han conseguido que todo el mundo hable, pueden utilizar sus dotes diplomáticas para resolver cualquier problema.

Como a los Libra no les gusta decir ni hacer nada que pueda molestar a alguien, a menudo esperan a ver qué dicen o hacen los demás antes de dar su propia opinión. Esto es muy considerado. Sin embargo, si eres Libra, no olvides que tu opinión también importa y que a veces merece la pena expresarla.

¡LOS LIBRA TE LEVANTARÁN EL ÁNIMO Y TE ESCUCHARÁN!

Para los Libra lo más importante es el equilibrio, por lo que no soportan que se cometan injusticias y acuden para ayudar siempre que pueden. Se enfadan mucho si ven cosas como el acoso o la desigualdad. Esto puede ocurrir en su propio grupo de amigos, en la escuela o en el resto del mundo. Cuando un Libra detecta algo que no está en armonía, hará todo lo posible para arreglar las cosas, aunque no haya causado el problema.

Los Libra no soportan el desorden. Aprecian y cuidan mucho sus cosas, como la ropa, la tecnología, los juguetes y los muebles. Esto es una gran noticia para los padres, ya que un Libra mantendrá su habitación ordenada ¡sin que se lo tengan que decir dos veces!

¡AMIGOS DE TODA LA VIDA PARA LIBRA!

Los signos de aire -Acuario, Géminis y, por supuesto, otros Libra- son los que mejor entienden a Libra, y son amigos para toda la vida. Respetarán el compromiso de Libra con la justicia y no los arrastrarán a discusiones por diversión.

Sorprendentemente, Libra puede llevarse muy bien con Aries y Sagitario, a pesar de ser signos de fuego. Comprenden la pasión de Libra por la armonía. Aries es el signo opuesto a Libra, lo que significa que están en lados diferentes de la rueda zodiacal. Los opuestos pueden funcionar muy bien juntos como amigos porque equilibran los comportamientos del otro. Libra puede calmar a Aries y ayudarle a ver el otro lado en un desacuerdo. Aries puede inspirar a Libra para que sea más seguro de sí mismo y se defienda.

¡LÍNEAS DE TRABAJO PARA UN LIBRA!

Como los Libra están comprometidos con la lucha contra la injusticia y el restablecimiento de la armonía, les gusta elegir carreras en las que puedan marcar la diferencia. Trabajar como abogado es una opción obvia, pero si eso no te parece divertido, hay otros trabajos relacionados con la ley que también satisfarán a un Libra. El secretario jurídico, el secretario judicial y el juez también pueden apelar al sentido de la justicia de Libra. Debido al objetivo de Libra de restaurar la armonía en el planeta, puede elegir una carrera que ayude al medio ambiente, como científico medioambiental o conservacionista.

Un consejero o psiquiatra es otra buena opción. Ambos trabajos implican ayudar a otros a hablar de sus problemas, y esto significa que Libra puede utilizar sus excelentes habilidades comunicativas. Tanto si ayudan a la gente a resolver un conflicto interior como si se trata de un desacuerdo con otra persona, Libra se sentirá feliz sabiendo que ha contribuido a traer un poco más de armonía al mundo.

CAPÍTULO 13
ESCORPIO

Escorpio es el octavo signo del zodíaco y pertenece al grupo de signos estelares denominados signos de agua. Esto es extraño porque los escorpiones -el animal que da nombre a Escorpio- viven en el desierto, donde hay muy poca agua. Los colores influyentes de Escorpio reflejan esto porque no son colores acuosos en absoluto: son escarlata, rojo y naranja oxidado.

El planeta regente de Escorpio es Plutón, y aunque la NASA ya no lo denomina planeta, puede influir en nuestras vidas. Plutón tiene que ver con el cambio y la transformación, y los Escorpio suelen tener múltiples capas en sus sentimientos y su perso-nalidad.

Hay algunos números especiales que los Escorpio deberían tener en cuenta. Estos números pueden traerte suerte o ayudarte a tomar la decisión correcta si aparecen en determinadas situaciones. Estos números especiales son el 8, el 11, el 18 y el 22.

¡SALUDA AL SENSACIONAL ESCORPIO!

Al igual que los demás signos de agua, Escorpio está muy en sintonía con sus emociones. Sin embargo, puede que no lo parezca, porque son muy buenos aparentando calma cuando en realidad pueden estar un poco alterados. Ser capaz de mantener la calma, incluso cuando todo va mal, es algo que convierte a los Escorpio en líderes naturales.

A los Escorpio les encanta tener éxito en todo lo que hacen. Una vez que saben lo que quieren, se concentran en conseguirlo. Es estupendo trabajar con ellos porque saben que no eludirán sus responsabilidades. El éxito de los Escorpio no se limita al trabajo duro: Son muy carismáticos, divertidos e increíbles para hacer amigos.

Al igual que el escorpión, los Escorpio no tienen miedo de enfrentarse a grandes retos. Son muy valientes y siempre defienden aquello en lo que creen. Puedes contar con ellos para hacer cambios positivos en el mundo.

¡LOS ESCORPIO SON UN SIGNO QUE SE MANTIENE EN PIE!

Una vez que un Escorpio confíe en ti, se abrirá y compartirá contigo una faceta totalmente nueva que desconocías. Que un Escorpio confíe en ti es un verdadero privilegio, así que asegúrate de que puede contar contigo.

Defender sus creencias es un rasgo esencial de Escorpio, y cuando creen que tienen razón en algo, ¡se aferran a ello! Sin embargo, si ofreces una perspectiva diferente, Escorpio siempre te escuchará.

¡COMPAÑEROS PARA ESCORPIO!

Los Escorpio se llevan mejor con los signos de agua porque son los que mejor comprenden sus cualidades emocionales. Cáncer es especialmente bueno con Escorpio porque percibe sus emociones ocultas y sabe qué decirle para calmarlo y ayudarlo a tranquilizarse.

Otro signo que se lleva bien con Escorpio es Tauro. Este signo de tierra, con los pies en la tierra, no se deja intimidar fácilmente por Escorpio y, a cambio, este aprecia la fiabilidad y previsibilidad de un amigo Tauro.

¡PROFESIONES DE ÉXITO PARA ESCORPIO!

Los Escorpio trabajarán duro en cualquier tarea que se les encomiende, pero les gustan mucho los proyectos a los que pueden dedicar su tiempo. Les encanta indagar en los detalles más finos, por lo que un trabajo como investigador es ideal. A los Escorpio les gusta trabajar solos, y disfrutarán mostrando a los demás sus hallazgos y compartiendo sus increíbles conocimientos sobre un tema.

Otro buen trabajo sería el de ingeniero. Esta profesión permite a Escorpio pasarse el día resolviendo problemas. También disfrutará viendo los beneficios de su trabajo en el mundo real, y los proyectos de ingeniería suelen dar lugar a nuevas máquinas, edificios o infraestructuras.

Cualquier carrera que ofrezca a un Escorpio la oportunidad de desafiarse a sí mismo le resultará atractiva. Disfrutan con el éxito y con ser lo mejor que pueden llegar a ser, por mucho que les cueste. Algo como detective o cirujano, donde su compromiso y sus puntos fuertes serán reconocidos, sería una elección ideal.

CAPÍTULO 14
SAGITARIO

Este energético signo de fuego es el noveno del zodiaco y está regido por el rey de los planetas, Júpiter, el quinto planeta desde el Sol. Este planeta es sinónimo de vibraciones positivas que traen suerte, esperanza, prosperidad y crecimiento a quienes están bajo su influencia. Sagitario influye en algunos de los meses más oscuros del año y, para compensar la falta de luz, este signo crea algunas de las personas más brillantes y edificantes.

A pesar de ser un signo de fuego, el color influyente para Sagitario es el azul. Esto podría estar relacionado con su papel tradicional como sanador: La constelación de Sagitario es el centauro Quirón, que fue un gran maestro y sanador en la mitología griega.

Sagitario tiene una serie de números especiales que pueden tener una gran influencia en la vida de las personas nacidas bajo este signo. Estos números son el 3, el 7, el 9, el 12 y el 21. Si eres Sagitario, puede que notes que estos números aparecen en tu vida para indicarte que vas por el buen camino.

¡PROTAGONISTA, EL SINCERO SAGITARIO!

Después del intenso Escorpio, Sagitario es exactamente lo contrario. Los nacidos bajo este signo son eternos optimistas, siempre ven lo mejor de las personas y las situaciones. Esperan que todo el mundo sea tan bueno y amable como ellos y siempre se muestran abiertos y sinceros acerca de sus expectativas.

A los Sagitario les encanta la gente. Siempre quieren descubrir cosas nuevas sobre culturas y lugares diferentes, y la mejor forma de hacerlo es hablar con personas que hayan vivido allí. El grupo de amistades de un Sagitario será amplio y estará formado por todo tipo de personas diferentes, no sólo por las que son como él. Les encanta pasar tiempo con personas con las que no tienen nada en común: Sagitario ve esto como una oportunidad para probar algo nuevo en lugar de romper una amistad de inmediato.

Como Sagitario siempre está intentando aprender o hacer algo nuevo, puede frustrarse cuando se queda estancado en la misma rutina. Les encanta aprender cosas nuevas y son muy buenos investigando y enseñándose a sí mismos. También es posible que te ofrezcan nuevas perspectivas interesantes en las que no habías pensado antes.

¡LOS SAGITARIO SON AUTOSUFICIENTES!

A los Sagitario les encanta ser libres para seguir su propio camino y establecer sus propios límites; realmente marchan al ritmo de su propio tambor. Llevan a sus amigos a vivir las mejores aventuras, a menudo a lugares donde nunca han estado.

Parte de ser un signo tan abierto y honesto es que los Sagitario nunca tienen miedo de decir lo que quieren decir. No se enfadan con demasiada facilidad, pero, por supuesto, les gustaría que sus opiniones se valoraran y no se pasaran por alto. Aunque un Sagitario haya dicho accidentalmente algo que haya molestado a otra persona, lo más probable es que no lo haya dicho con esa intención, porque es cariñoso y servicial.

¡SOCIALIZAR CON UN SAGITARIO!

Aries es un excelente amigo para Sagitario porque tienen muchas cosas en común. Ambos son signos de fuego, lo que significa que están llenos de energía y les encanta hacer cosas emocionantes y aventureras. A los dos les encanta probar actividades nuevas, así que visitar un nuevo parque de camas elásticas en la ciudad o comer en una nueva pizzería sería el momento perfecto para este dúo aventurero.

Géminis también se lleva bien con Sagitario. No les gusta estar quietos y están deseando probar cosas nuevas. Juntos, Géminis y Sagitario se empujarán mutuamente a encontrar nuevas aficiones y actividades que les impidan aburrirse.

Es posible que Sagitario no se identifique rápidamente con los signos de agua y tierra y su apego al hogar. ¿Por qué quedarse quieto cuando hay todo un mundo por explorar? Si conoces a alguien a quien le cuesta estarse quieto y siempre parece estar probando algo nuevo, es muy probable que sea Sagitario.

¡PUESTOS DE TRABAJO SUPERIORES PARA SAGITARIO!

Sagitario es un aventurero amante de la diversión y será feliz en cualquier trabajo que le permita dar rienda suelta a esta faceta de su personalidad. El sector de los viajes y la hostelería es un buen punto de partida. A Sagitario le encantaría trabajar como agente de viajes, donde puede ayudar a otros a diseñar sus vacaciones perfectas. Esto también les dará información privilegiada sobre algunas ofertas de viajes para sus propias vacaciones.

El lado creativo de un Sagitario puede ser una gran ventaja en el trabajo, y una carrera como artista, diseñador o arquitecto independiente podría ser justo lo que necesita para mostrar su estilo único. Los diseños atrevidos y aventureros no asustarán a un Sagitario, y disfrutará de la libertad de trabajar en sus propios proyectos como su propio jefe.

Un trabajo repetitivo de 9 a 5 probablemente sofoque el entusiasmo de los Sagitario, por lo que preferirán encontrar un empleo variado. Ser profesor encaja a la perfección. Cada día es diferente, y Sagitario podrá utilizar sus excelentes dotes de comunicación para inspirar a los niños de su clase.

CAPÍTULO 15
CAPRICORNIO

Capricornio es el décimo signo del zodiaco y el que comienza más tarde en el año: el 22 de diciembre. Este signo está representado por la constelación de Capricornio, la Cabra Marina, una criatura mítica que tiene cabeza y pezuñas de cabra, pero cola de pez, ¡un poco como una sirena!

A pesar de vivir en el mar, Capricornio es un signo de tierra. Para demostrarlo, el signo se asocia con colores neutros y terrosos, como el marrón y el negro. El planeta regente de Capricornio es Saturno, el mayor planeta de nuestro sistema solar y el sexto desde el Sol. Saturno es el planeta de la responsabilidad, la fuerza y la disciplina: cualidades que encontrará en un Capricornio.

Al igual que los demás signos zodiacales, Capricornio tiene sus propios números de la suerte. Son el 4, el 8, el 13 y el 22. Estos números pueden ayudarte en tu vida guiándote para tomar las decisiones correctas, así que presta atención a ellos.

¡CELEBRA AL GENIAL CAPRICORNIO!

Los Capricornio son lo contrario de sus vecinos zodiacales Sagitario. Les encanta la estructura y tenerlo todo en orden. Si le das a un Capricornio instrucciones claras, las seguirá a rajatabla, lo que lo convierte en un excelente compañero de estudio y de trabajo. También son muy disciplinados y pueden mantenerse concentrados en la misma tarea durante mucho tiempo.

Al ser un signo de tierra, los Capricornio están muy anclados en la realidad. Suelen preferir las aficiones más tranquilas, como la lectura, a las activas, como los deportes, pero no siempre.

Los Capricornio prestan a sus amigos la misma atención que a su trabajo, lo que los convierte en excelentes amigos. Su fiabilidad es una de sus mejores cualidades, por lo que se asegurarán de no perderse un cumpleaños, un partido de fútbol o cualquier cosa que signifique mucho para ti.

¡LOS CAPRICORNIO APRECIAN LAS TRADICIONES!

Los Capricornio valoran mucho sus límites y no les gusta cambiar su forma habitual de hacer las cosas. A menudo les preocupa que el cambio no sea bueno, así que es muy importante que recuerdes a tus amigos Capricornio (o a ti mismo) que el cambio puede ser genial. Imagina un mundo en el que no descubrieras tus cereales o dibujos animados favoritos porque no quisieras probar algo nuevo.

Como a los Capricornio no les gustan los cambios, las tradiciones significan mucho para ellos. Por eso están muy unidos a sus familias y disfrutan reviviendo los recuerdos que les traen las tradiciones. Les encanta recordar cosas como las fiestas estacionales y las vacaciones familiares, ¡y harán muchas fotos! Por eso, algo como la pizzería a la que su familia los lleva cada cumpleaños significa mucho para ellos, y esperan con impaciencia estas cosas cada año.

¡COMPAÑEROS PARA CAPRICORNIO!

Los Capricornio se llevan bien con todos los signos de tierra, pero especialmente con Tauro. Ambos comparten el gusto por lo práctico y son muy trabajadores. Tauro vive en el presente mientras que Capricornio vive en el pasado, pero estos dos puntos de vista funcionan bien juntos, y Tauro anima a Capricornio a apreciar el presente.

Los signos de aire -que siempre están planeando el futuro- y los signos de fuego -que siempre están buscando diversión- pueden encontrar difícil estar en el mismo nivel de tranquilidad que un Capricornio. Aunque podrían hacer amigos interesantes, los Capricornio suelen preferir dedicarse a actividades más familiares y tranquilas en casa. Un signo que comparte un disfrute similar de las comodidades del hogar es el signo de agua, Cáncer. Capricornio y Cáncer disfrutarán de una amistad relajada en la que podrán quedarse en casa con una buena película y unas palomitas.

¡CARRERAS PARA UN CAPRICORNIO COMPROMETIDO!

A los Capricornio les encanta trabajar y a menudo les resulta difícil parar. Encontrar el equilibrio entre sus estudios o su carrera, y sus amigos y familia es difícil para este signo de tierra dedicado y motivado. También quieren una carrera con un papel claro en la que sepan exactamente lo que se espera de ellos.

Un profesor de instituto sería el trabajo perfecto para un Capricornio trabajador. Le encanta planificar y organizar y tiene la paciencia suficiente para lidiar con el comportamiento difícil de algunos adolescentes. Las largas vacaciones escolares también obligan a Capricornio a tomarse un descanso muy necesario y disfrutar de algunas aficiones relajantes y salir con los amigos.

Otra carrera muy adecuada para Capricornio es la de agente inmobiliario. El trabajo duro es vital en este negocio si quieres tener éxito, ¡y los Capricornio tienen sin duda suficiente empuje y determinación para ser grandes! También existe la posibilidad de gestionar tu propia carga de trabajo, y la mayoría de los agentes inmobiliarios trabajan solos o en pequeños equipos, lo que encaja perfectamente con Capricornio.

UNA PIEDRA ZODIACAL PARA CADA SIGNO

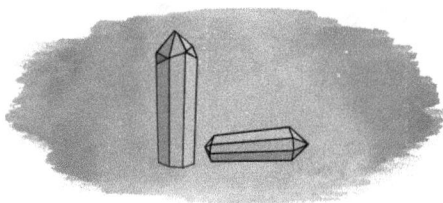

¿Sabías que cada signo astrológico tiene un mineral o piedra preciosa especial que está relacionado con él? La mayoría de la gente conoce las piedras natales, pero las piedras del zodiaco son un poco más específicas. A algunas personas les gusta llevar estas gemas preciosas para atraer la buena suerte, y a otras simplemente les gusta tenerlas a mano como decoración o en una caja o bolsa especial. ¿Quieres saber cuál es tu piedra del zodiaco?

UNA PIEDRA ZODIACAL PARA ACUARIO: AMATISTA

La amatista se presenta en distintos tonos de morado y violeta. Uno de los países que más amatistas produce es Brasil. Si se trata la amatista con calor (es decir, calentándola), puede parecerse mucho a una piedra llamada citrino. Algunas personas encuentran que esta piedra ayuda a promover la calma y crea claridad en la toma de decisiones.

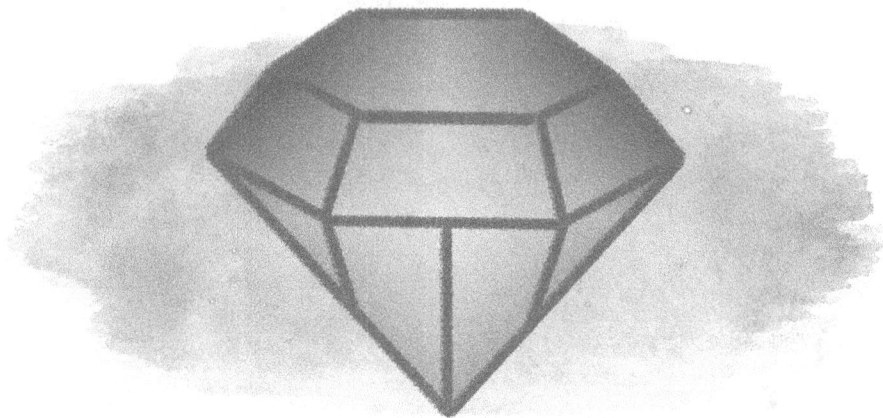

UNA PIEDRA ZODIACAL PARA PISCIS: AGUAMARINA

Esta piedra recibe su nombre de las palabras latinas "Aqua" y "Marina", que se traducen por "Agua" y "Del Mar". No es de extrañar que esta piedra recibiera su nombre del agua y el mar; sus colores varían entre tonos azules y verdes que se mezclan entre sí. Algunas personas encuentran esta piedra poderosa y útil para una comunicación clara.

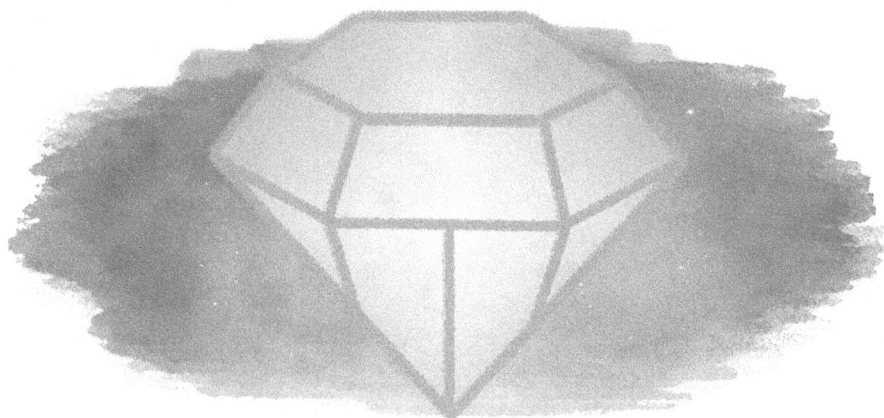

UNA PIEDRA ZODIACAL PARA ARIES: DIAMANTE

Los diamantes están hechos de carbono puro, lo que significa que son la única gema del planeta hecha de un solo elemento. Aunque el diamante más común es translúcido (transparente), existen en una gran variedad de colores como amarillo, rosa, azul y muchos más. El diamante es una de las cuatro principales piedras preciosas de la Tierra. Algunas personas creen que esta piedra promueve una poderosa fuerza interior.

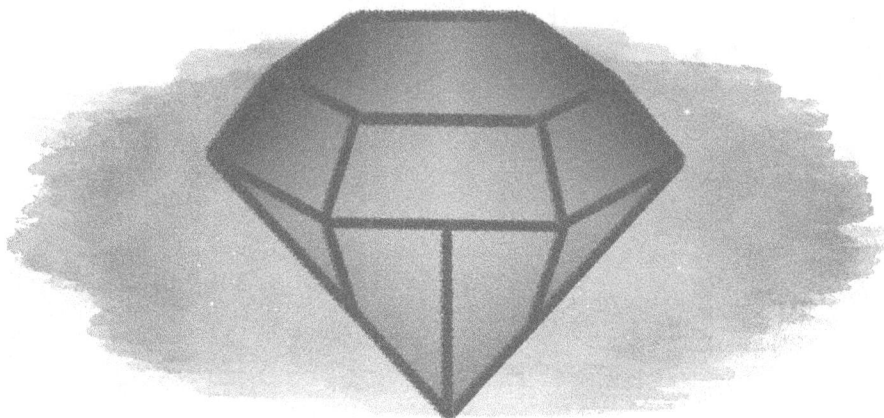

UNA PIEDRA ZODIACAL PARA TAURO: ESMERALDA

La esmeralda es una de las piedras más antiguas y buscadas de la historia; de hecho, era la favorita de la reina Cleopatra (reina del antiguo Egipto). Su color es un verde intenso y vibrante. La esmeralda es una de las cuatro principales piedras preciosas de la tierra. Algunas personas creen que esta piedra promueve la prosperidad (bienestar), la riqueza y una sensación de paz.

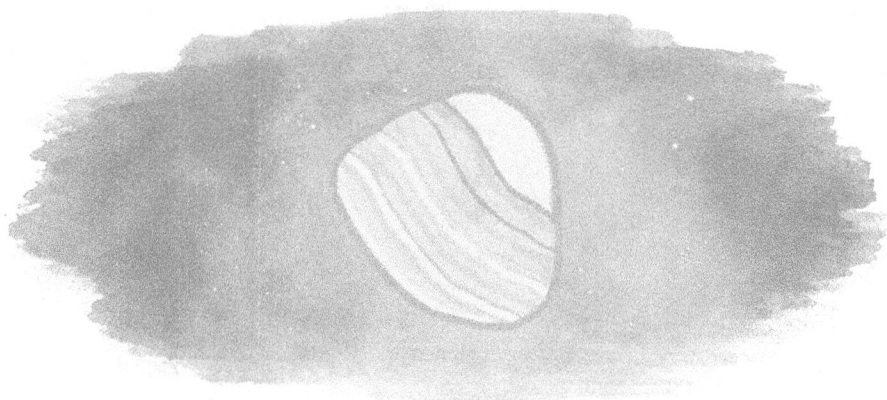

UNA PIEDRA ZODIACAL PARA GÉMINIS: ÁGATA

Hay muchos tipos de ágata, desde el ágata azul de encaje (azul), el ágata musgo (verde) y el ágata de fuego (roja). Estas piedras varían en color, pero comparten un parecido debido a sus bandas únicas (rayas). Estas piedras son un tipo de cuarzo llamado calcedonia. Algunas personas creen que esta piedra promueve la estabilidad interior y eleva la conciencia.

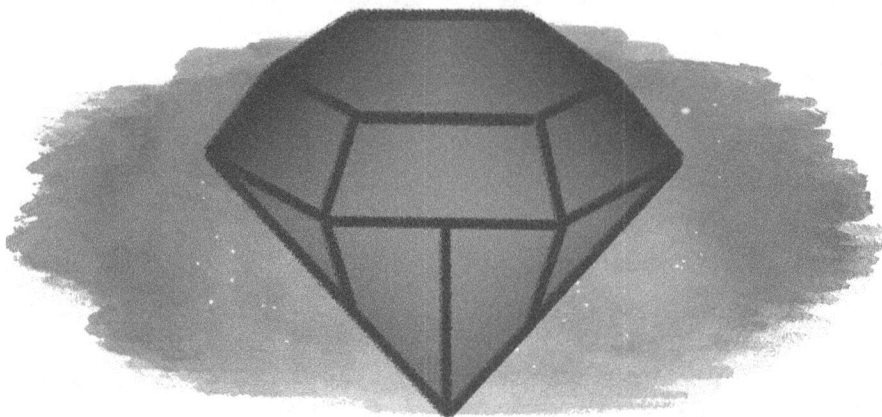

UNA PIEDRA ZODIACAL PARA CÁNCER: RUBÍ

El rubí recibe su nombre de la palabra latina "rubens", que se traduce como "rojo". Se conocen sobre todo por ser rojos, pero también pueden tener un tono rosado. El rubí es una de las cuatro piedras preciosas más importantes de la Tierra. Algunas personas creen que esta piedra fomenta la confianza y el equilibrio.

UNA PIEDRA ZODIACAL PARA LEO: PERIDOTO

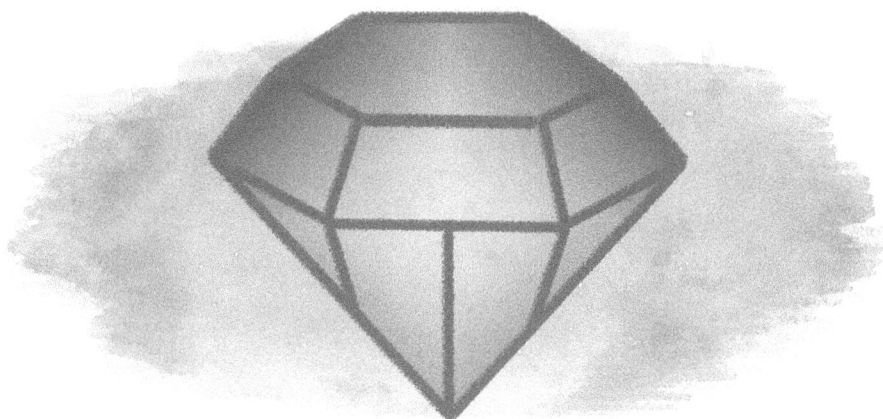

El peridoto es una de las únicas piedras que se presenta en un solo color, que es el verde. También es una de las pocas piedras que se encuentran fuera de la tierra y en algunos meteoritos. ¡Algunas personas creen que esta piedra promueve la compasión y la buena fortuna!

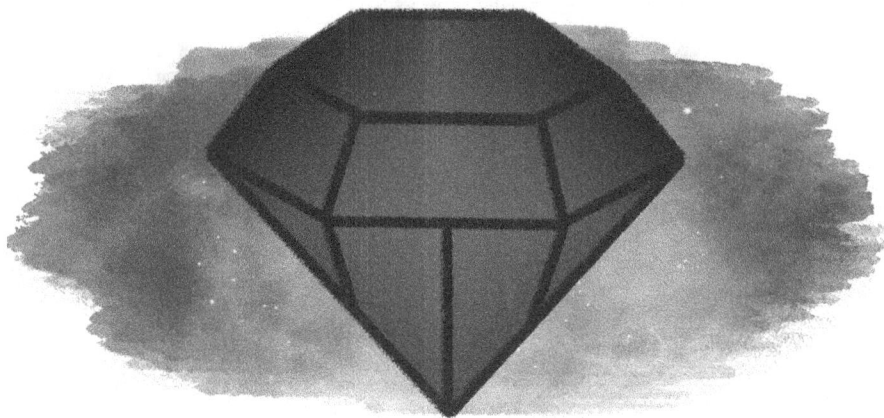

UNA PIEDRA ZODIACAL PARA VIRGO: ZAFIRO AZUL

El color del zafiro es un azul intenso y vibrante. El nombre de zafiro deriva de la palabra griega "sappheiros", que se traduce como "Piedra azul". El zafiro es una de las cuatro principales piedras preciosas de la tierra. Algunas personas creen que esta piedra favorece la autoexpresión y la empatía.

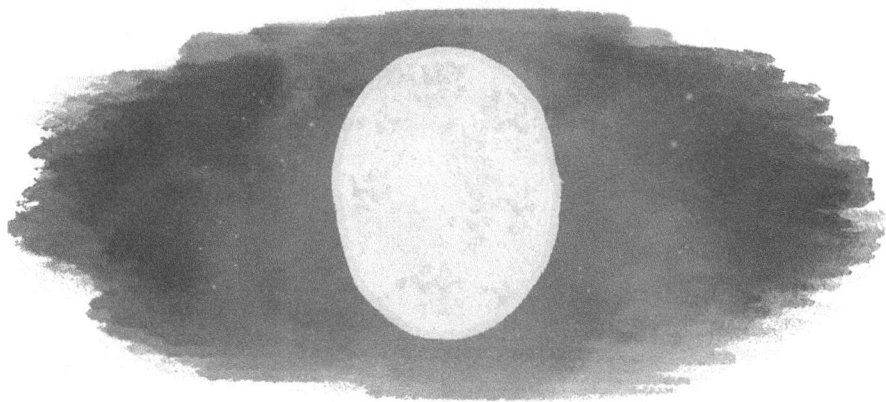

UNA PIEDRA ZODIACAL PARA LIBRA: ÓPALO

El nombre del ópalo procede del latín "opalus", que significa "piedra preciosa". Se dice que alrededor del 95% del ópalo procede de Australia. El color del ópalo puede describirse como un blanco lechoso o translúcido con motas brillantes del arco iris. Algunas personas creen que esta piedra promueve la armonía y la esperanza.

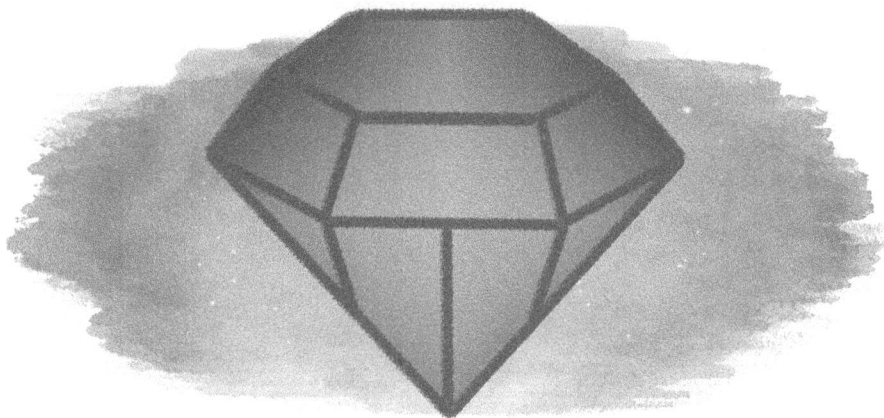

UNA PIEDRA ZODIACAL PARA ESCORPIO: TOPACIO

Un topacio puro es incoloro, por lo que a menudo puede confundirse con un diamante. Existen en muchos tonos del arco iris, como rojo, azul, rosa, amarillo y verde. El rojo es el más raro y el azul el más común. Algunos creen que esta piedra fomenta la alegría y el entusiasmo.

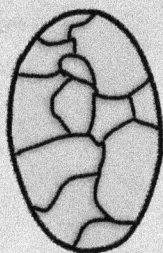

UNA PIEDRA ZODIACAL PARA SAGITARIO: TURQUESA

La turquesa es la única piedra preciosa del mundo que tiene un color con su nombre. El nombre de la turquesa deriva de la palabra francesa "turquoise", que se traduce como "turco". Algunas personas creen que esta piedra favorece la buena suerte y la protección.

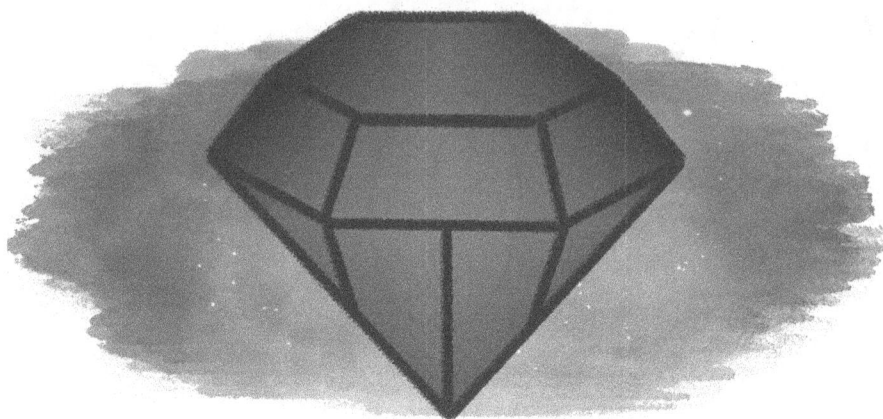

UNA PIEDRA ZODIACAL PARA CAPRICORNIO: GRANATE

El nombre del granate procede de la palabra griega "granatum", que se traduce como semilla o grano, porque se parece a la forma y el color de una semilla de granada. La mayoría de las veces, el granate se describe como de color rojo, pero en realidad existe en muchos colores diferentes, como verde, rosa o dorado. Algunas personas consideran que esta piedra ayuda a fomentar la confianza y aumenta la autoestima.

¡CONCLUSIÓN!

¿Te ha parecido interesante aprender sobre los signos zodiacales? Seguro que ahora sabes mucho más que al principio. Ahora eres uno de los millones de personas, a lo largo de todos los tiempos, que han empezado a desvelar los secretos de los astros. La próxima vez que alguien te pregunte cuál es tu signo zodiacal, ¡podrás darle una respuesta segura!

Ahora que lo sabes todo sobre tu signo zodiacal, puede que te entiendas mucho mejor a ti mismo. ¿Eres un Capricornio adicto al trabajo o un Acuario soñador? Tal vez seas un Leo amante de la diversión o un Cáncer al que le encanta acurrucarse en casa. Conocer tu signo del zodiaco puede ayudarte a ver hasta qué punto tú y tus amigos son únicos. Si a ellos les encanta hablar con todo el mundo, pero tú te sientes un poco más tímido que ellos, ¡podría deberse a las estrellas de arriba!

Lo emocionante es que todo lo que acabas de aprender es sólo el principio. La astrología es mucho más de lo que cabe en un libro. Si te interesa investigar más, hay muchas más cosas que puedes aprender.

Una cosa que a la gente le encanta de conocer sus signos zodiacales es que pueden leer su horóscopo. Un horóscopo es una predicción de lo que va a ocurrir. Puedes obtenerlos para el día o para todo el año. Suelen ser muy generales y te toca a ti averiguar cómo se aplican a tu vida, pero puede ser divertido leer que vas a tener un gran día.

¡CONCLUSIÓN!

No todo el mundo que conozcas creerá en la astrología, y no pasa nada. Nada de la astrología es un hecho; más bien, se supone que es una guía. No todo lo relacionado con tu signo coincidirá exactamente con lo que eres, pero algunas partes pueden ser muy precisas. Tú decides si quieres utilizar la astrología para divertirte o si quieres profundizar en ella. Siempre es bueno aprender algo nuevo, y ahora ya lo sabes todo sobre cómo empezó la astrología y qué significan los distintos signos del zodíaco.

Diviértete en tu aventura astrológica. Gracias por leer.

CONSTELACIONES PARA NIÑOS

¡LA FORMA MÁS DIVERTIDA DE APRENDER SOBRE LAS ESTRELLAS, DESCUBRIR LA MAGIA DEL SISTEMA SOLAR Y OBSERVAR LOS ASTROS COMO UN ASTRÓNOMO!

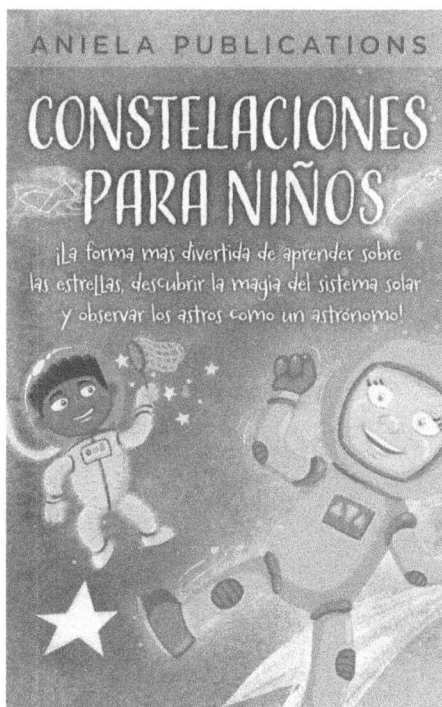

ANIELA PUBLICATIONS

CONSTELACIONES PARA NIÑOS

¡La forma mas divertida de aprender sobre las estrellas, descubrir la magia del sistema solar y observar los astros como un astrónomo!

CAPÍTULO 16
¡BIENVENIDO AL ASOMBROSO MUNDO DE LAS CONSTELACIONES!

¿Alguna vez has mirado al cielo por las noches y te has imaginado lo que podría haber ahí fuera? No eres el único. La gente se lo lleva preguntando desde hace miles de años. La tecnología, como los telescopios y los transbordadores espaciales, es bastante reciente, así que antes de que pudiéramos investigar realmente el espacio, las personas se inventaban historias sobre lo que creían que había ahí arriba.

Algunos veían héroes y monstruos formados por estrellas y contaban historias sobre ellos. Hoy podemos ver esas mismas imágenes porque en el espacio nada cambia muy deprisa. Este libro te va a contar todo sobre las cosas maravillosas que flotan por encima de tu cabeza y te enseñará a encontrar algunos de los planetas y estrellas especiales desde la ventana de tu habitación.

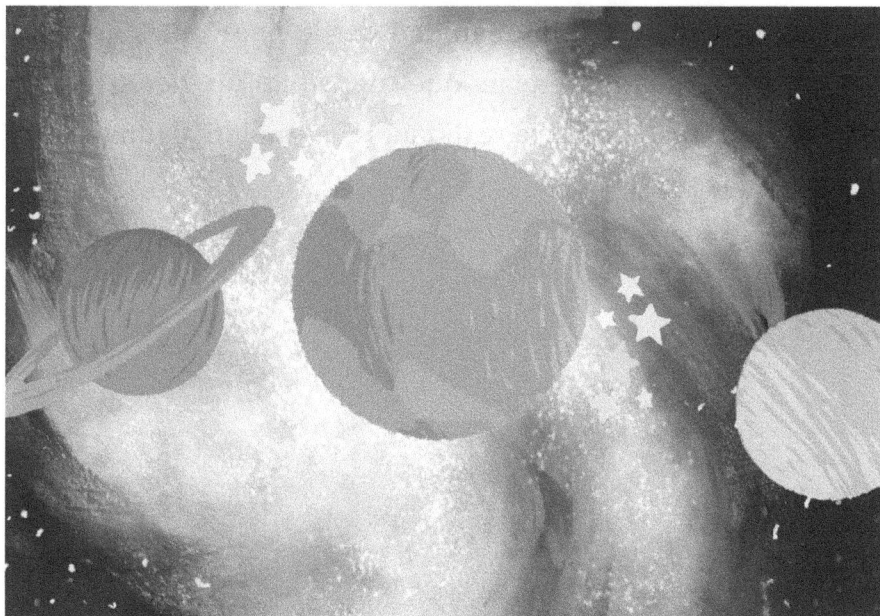

EL UNIVERSO ASOMBROSO

El universo es un lugar realmente inmenso. Tiene que serlo porque todo lo que existe está dentro de él. Nuestro planeta Tierra es sólo una pequeñísima parte de él. El universo incluye todo el espacio, con todas las estrellas, lunas y planetas, y sólo podemos ver los que están más cerca de nosotros. ¿Sabías que el universo sigue creciendo? Crece tan deprisa que nadie podrá llegar nunca hasta sus límites.

Dentro del universo hay miles de millones de galaxias formadas por estrellas, polvo y planetas. En el universo hay más estrellas que cualquier otra cosa. ¿Sabías que hay más estrellas que granos de arena en todas las playas de la Tierra? Las estrellas han fascinado a la humanidad desde hace miles de años. Los antiguos griegos creían que si pedías un deseo a una estrella fugaz, éste se hacía realidad. ¿Has pedido alguna vez un deseo a una estrella?

¿QUÉ ES UNA CONSTELACIÓN?

Una constelación es un grupo de estrellas que forman un patrón. Los astrónomos utilizaban líneas imaginarias para unir estrellas y formar figuras, personas y animales. A menudo, estas constelaciones recibían el nombre de personajes de cuentos y leyendas como Hércules, Pegaso y Orión. Puede que no hayas oído hablar de estas historias, pero eran muy famosas para los antiguos griegos y romanos. La constelación más grande se llama Hidra y parece una larga serpiente marina nadando por el cielo.

Existen 88 constelaciones oficialmente reconocidas y pueden verse desde cualquier parte del mundo. Algunas constelaciones tienen patrones más pequeños en su interior llamados asterismos. El asterismo más famoso es el Carro, que forma parte de una constelación llamada la Osa Mayor.

LAS CONSTELACIONES EN LAS DISTINTAS CULTURAS

¿Sabías que los exploradores han encontrado pinturas rupestres que muestran imágenes de las estrellas? Esto demuestra que incluso los hombres de las cavernas utilizaban su imaginación cuando pensaban en el espacio y en lo que podían ver allí arriba. Lo más sorprendente es que personas de distintos países observaban las estrellas y veían patrones muy similares.

Existe una constelación a la que los antiguos griegos llamaban Orión. Los griegos inventaron una historia sobre Orión, persiguiendo a siete hermanas. En Australia, los aborígenes veían estas mismas estrellas y también contaban la historia de un hombre que perseguía a siete hermanas, pero lo llamaban Baiame.

CAPÍTULO 17
¿SABÍAS QUE LAS ESTRELLAS SE VEN DE FORMA DIFERENTE SEGÚN EL PAÍS?

Si te paras frente a tu casa, verás una vista de la puerta principal y el porche, y si te paras en la parte de atrás, verás otra vista de la parte trasera de la casa. Lo mismo ocurre con las estrellas.

Como la Tierra es redonda, es imposible que personas situadas en diferentes partes de ella, vean las mismas estrellas al mismo tiempo. Hay algunas estrellas que se pueden ver desde Canadá y que nunca se verán desde Australia.

UNA LÍNEA ALREDEDOR DE LA TIERRA

La Tierra está dividida en dos mitades por una línea imaginaria que la rodea por el centro. Esta línea, parecida a un cinturón, se llama ecuador. Todos los países y océanos situados por encima del ecuador, se encuentran en el hemisferio norte. Todos los países y océanos situados por debajo del ecuador pertenecen al hemisferio sur.

El hemisferio norte y el hemisferio sur nunca se intercambian. Uno siempre está arriba y el otro siempre está abajo. Todas las constelaciones mencionadas en este libro podrán verse desde el hemisferio norte.

AGÁRRATE FUERTE: ¡LA TIERRA GIRA!

La Tierra también tiene una línea imaginaria llamada eje que pasa directamente por el centro. Imagina que atraviesas una naranja con un lápiz. Así sería el eje de la Tierra si pudiéramos verlo. Arriba está el Polo Norte y abajo el Polo Sur.

Este eje es importante porque la Tierra gira a su alrededor. Así es como tenemos la noche y el día. Es de día cuando estás de cara al sol y de noche cuando estás de espaldas al sol. A medida que la Tierra gira alrededor de su eje, puedes ver diferentes estrellas y las constelaciones aparecerán en diferentes lugares del cielo. Saber dónde deben estar en cada época del año es lo que ha ayudado a los exploradores a encontrar su camino.

¿QUÉ MÁS HAY EN NUESTRO SISTEMA SOLAR?

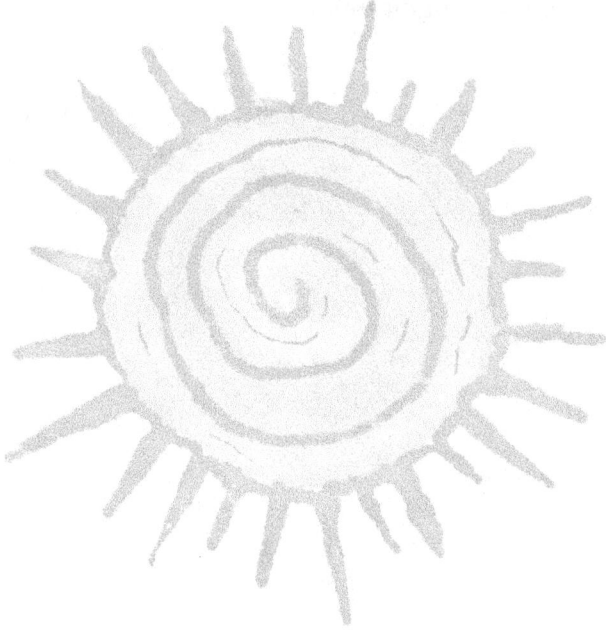

EL SOL

El Sol es nuestra estrella más cercana, pero aun así está a 147 millones de kilómetros. Nos proporciona toda nuestra luz y calor, y si no tuviéramos el Sol, no podríamos sobrevivir. Puede parecer muy pequeño en el cielo, ¡pero el Sol es tan grande que en su interior cabrían un millón de réplicas de la Tierra!

Ya hemos dicho que la Tierra gira alrededor de su eje, pero ¿sabías que también gira alrededor del Sol? El camino que recorre se llama órbita, y la Tierra tarda un año en dar la vuelta completa al Sol y volver al punto de partida. La órbita de la Tierra no es un círculo perfecto; a veces, está más cerca del sol, y a veces está un poco más lejos. Por eso tenemos estaciones de verano e invierno y por eso varía la temperatura de la Tierra.

LA LUNA

La Luna orbita alrededor de la Tierra igual que ésta última orbita alrededor del Sol. La Luna tarda 28 días en dar la vuelta completa a la Tierra. La nuestra es una entre las más de 200 lunas de nuestro sistema solar. Algunos planetas tienen más de una luna. Júpiter, el planeta más grande, tiene 80 lunas.

La Luna se puede ver por la noche, pero no emite luz propia como las estrellas. En cambio, podemos ver la Luna porque la luz del Sol brilla sobre ella y la Luna refleja esta luz hacia la Tierra. A lo largo de un mes, la Luna parece ir cambiando de forma, pasando de luna llena a luna creciente y viceversa, pero en realidad se trata de la sombra de la Tierra que se interpone en el camino de la luz solar hacia la luna.

La Luna está a unos 384.400 kilómetros de la Tierra, lo que no parece estar muy cerca, pero sí lo suficiente como para sentir su gravedad. La gravedad de la Luna atrae las cosas hacia ella. No es lo suficientemente fuerte como para mover todo el planeta Tierra, pero sí provoca olas en el océano y hace que las mareas suban o bajen.

LOS PLANETAS

En nuestro sistema solar hay ocho planetas, y todos orbitan alrededor del mismo sol. El planeta más cercano al Sol se llama Mercurio. Le siguen Venus, la Tierra, Marte, Júpiter, Saturno, Urano y Neptuno. Todos los planetas llevan nombres de dioses romanos, excepto el nuestro. Algunos planetas están formados por rocas, como la Tierra, y otros son bolas de gas.

Al igual que en la Luna, la luz se refleja en los planetas y algunos pueden verse desde la Tierra, ¡incluso sin telescopio! Los planetas que podemos ver son Mercurio, Venus, Marte, Júpiter y Saturno.

ESTRELLAS FUGACES

Ver una estrella fugaz puede ser realmente emocionante. Los antiguos pensaban que eran señales de que los dioses escuchaban sus plegarias. Gracias a las investigaciones de los científicos, ahora sabemos que las estrellas fugaces no son estrellas en absoluto. Se trata de meteoritos, pequeños fragmentos de polvo o roca. Cuando entran en contacto con la atmósfera terrestre, se calientan y empiezan a brillar. A veces se pueden ver lluvias de meteoritos que pueden durar días o semanas, y habrá miles de estrellas fugaces en el cielo. La mejor lluvia de meteoritos es la de las Perseidas, que tiene lugar todos los años en agosto. ¡Se puede ver un meteoro por minuto!

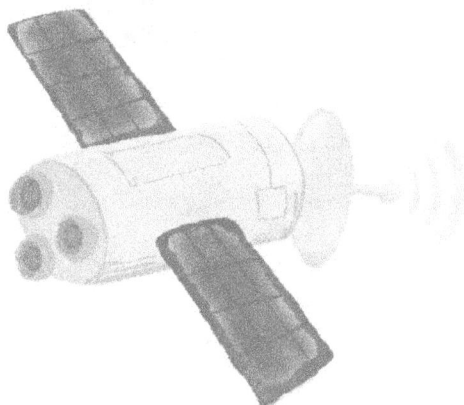

SATÉLITES

No todo lo que se encuentra en el espacio es natural. El ser humano ha enviado un montón de artefactos al espacio. Si ves una estrella que se mueve lentamente en el cielo, probablemente sea un satélite. Los satélites son máquinas electrónicas que orbitan alrededor de la Tierra. Los utilizamos para enviar mensajes a todo el mundo, hacer fotos de la Tierra y consultar el estado del clima.

¿Tus padres tienen un sistema GPS en el coche o en sus teléfonos? Hay más de 30 satélites que se utilizan para ayudar a las personas a navegar por las carreteras. Así que la próxima vez que veas que te mueves en un mapa, ¡sabrás que es un mensaje enviado desde el espacio!

CAPÍTULO 18
NUESTRA GALAXIA, LA VÍA LÁCTEA

Nuestro sistema solar forma parte de una galaxia llamada Vía Láctea. ¿Sabes cómo obtuvo su nombre? Los astrónomos romanos miraron al cielo y vieron una raya blanca que parecía que alguien había derramado leche sobre las estrellas, así que la llamaron Vía Láctea (Milky Way, en inglés). La Vía Láctea alberga cientos de miles de millones de estrellas y sus planetas. Todo lo que puedes ver en el cielo forma parte de nuestra galaxia. Existen miles de millones de galaxias en el universo, ¡pero la nuestra es la única que comparte su nombre con una tableta de chocolate!

LA OBSERVACIÓN DE ESTRELLAS Y EL SISTEMA SOLAR: ¡MARAVÍLLATE CON EL CIELO NOCTURNO!

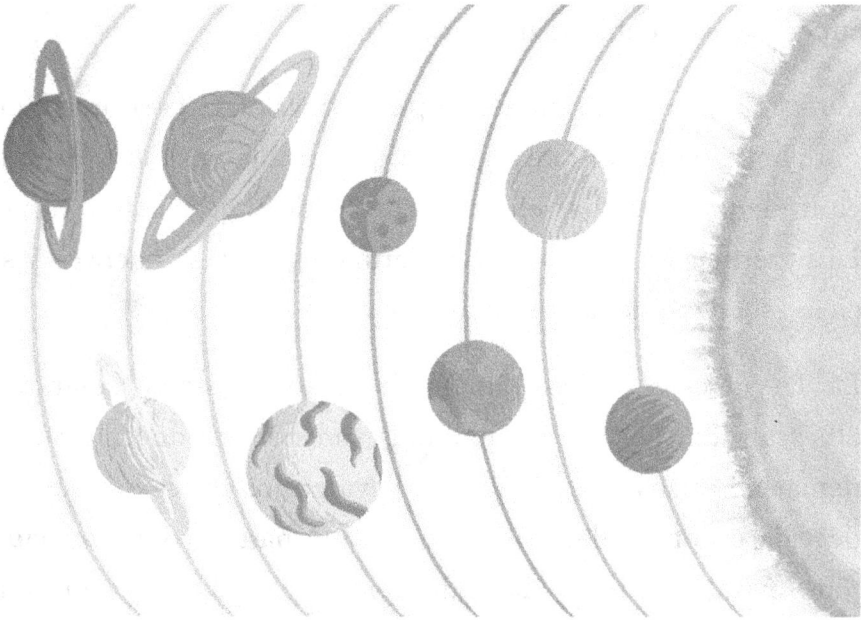

BIENVENIDOS AL SISTEMA SOLAR

Nuestro Sistema Solar está compuesto por todo lo que orbita alrededor de nuestro Sol y por todas las estrellas, cometas y asteroides que se mantienen en su lugar gracias a su gravedad. Por eso se llama Sistema Solar, porque todo gira en torno al sol.

CONOCE LOS PLANETAS

Mercurio es el planeta más cercano al Sol. También es el planeta más pequeño del sistema solar -cerca de un tercio de grande que la Tierra. Los días en Mercurio son muy, muy calurosos, pero las noches son extremadamente frías. Mercurio no tiene lunas, pero se parece mucho a la nuestra, porque su superficie está cubierta de cráteres.

Venus es el segundo planeta a partir del Sol. Gira sobre su eje muy lentamente, lo que significa que un día en Venus dura el equivalente a 243 días en la Tierra. Es decir, ¡casi 6.000 horas! La superficie de Venus está cubierta de volcanes inactivos y su cielo está lleno de nubes amarillas.

La Tierra es el único planeta de nuestro sistema solar que alberga vida. Los demás planetas son demasiado calientes o demasiado fríos. Los científicos llevan años buscando señales de vida en otros planetas, pero aún no han encontrado nada. ¡Los extraterrestres deben de ser muy buenos jugando al escondite!

Marte es conocido como el "planeta rojo" porque está cubierto de polvo de hierro de óxido. Tiene volcanes como Venus, pero están inactivos y ya no funcionan. Marte tiene dos lunas llamadas Fobos y Deimos. Puede que no haya extraterrestres en Marte, ¡pero hay muchos robots! Esto se debe a que los científicos llevan enviándolos a investigar Marte desde 1965.

Júpiter es el mayor planeta de nuestro sistema solar. A veces se le denomina gigante gaseoso porque está formado casi en su totalidad por gas. Su superficie es muy ventosa y está plagado de tormentas. Una de estas tormentas forma una mancha roja arremolinada que parece que fuera el ojo del planeta. Esto hace de Júpiter uno de los planetas más fácilmente reconocibles.

Saturno, otro gigante gaseoso, es el planeta del Sistema Solar con más lunas: ¡82! También está rodeado de anillos formados por rocas y hielo. Estos anillos son muy hermosos y hacen de Saturno el planeta más singular. Puedes ver los anillos de Saturno desde la Tierra si utilizas un telescopio.

Urano también tiene anillos, pero son mucho más finos y menos brillantes que los de Saturno. Urano es un gigante de hielo porque es tan frío que algunos de los gases de su atmósfera se han congelado. Urano es el único planeta que gira sobre sí mismo de lado, como si estuviese recostado. Los científicos creen que esto se debe a que fue golpeado por otro planeta y volcado.

Neptuno es el planeta más lejano de nuestro sistema solar y otro gigante de hielo. Su color azul brillante se debe al tipo de gases que contiene su atmósfera. Neptuno está tan lejos que sólo una nave espacial ha conseguido alcanzarlo. Esta distancia dificulta que sepamos tanto sobre Neptuno como sobre los demás planetas más cercanos. Esto significa que los científicos aún tienen mucho por descubrir.

¿NO TIENES TELESCOPIO? ¡NO HAY PROBLEMA!

Hay muchas cosas que puedes ver en el cielo nocturno sin ningún equipo especial. De hecho, los primeros astrónomos no tenían ningún instrumento especial que les ayudara. Sólo tenían sus ojos para ver y sus manos para medir distancias.

Lo más fácil de ver por la noche es la Luna, porque es el objeto más brillante y el más próximo. Al principio de la noche, estará hacia el este. Como la Tierra gira, la luna parece moverse por el cielo, así que a medida que se vaya haciendo más tarde, la luna se moverá por encima de ti y empezará a ponerse por el oeste.

El segundo objeto más brillante del cielo es el planeta Venus. También podrás ver Mercurio, Marte, Júpiter y Saturno. Marte es fácil de ver porque tiene un aspecto un poco rojo, y Saturno se ve un poco amarillo.

También puedes ver miles de estrellas en el cielo, y no necesitarás un telescopio para encontrar las constelaciones. En los próximos capítulos descubrirás dónde están, qué aspecto tienen y cómo encontrarlas.

Una de las cosas más emocionantes que puedes ver sin telescopio es la Estación Espacial Internacional. En ella viven los astronautas cuando están en el espacio. Puedes verla moviéndose en el cielo justo después de la puesta del sol. La luz del sol se refleja en los paneles solares de la estación espacial y la convierte en el tercer objeto más brillante del cielo nocturno. Para saber cuándo volverá a pasar la Estación Espacial Internacional cerca de ti, visita la página spotthestation.nasa.gov.

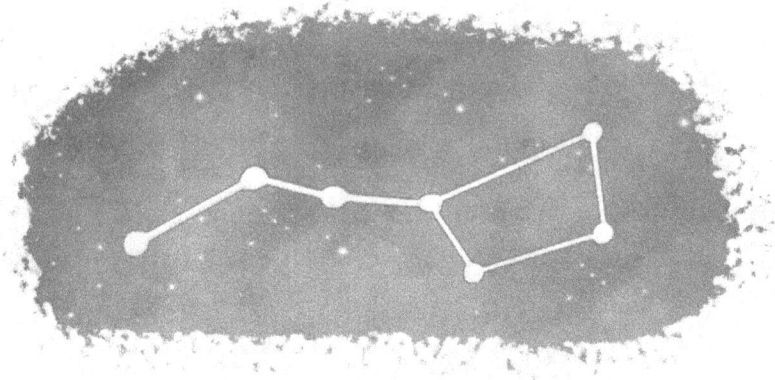

LA OSA MAYOR

También conocida como el Arado o el carro, la Osa Mayor es uno de los patrones más fáciles de encontrar en el cielo nocturno. Se parece un poco a una sartén o cacerola y está formada por siete estrellas: cuatro en "el cuenco" y tres en "el mango". La estrella más brillante de la Osa Mayor es más de 100 veces más brillante que nuestro Sol, pero se encuentra muy lejos. Cerca de ella se encuentra la Osa Menor, una versión más pequeña que tiene casi la misma forma.

Los marineros solían utilizar la Osa Mayor para navegar por la noche porque apunta hacia la Estrella Polar, también llamada Estrella del Norte. Busca las dos estrellas situadas al final del "cuenco" y traza una línea imaginaria que las atraviese. Sigue esa línea y encontrarás una estrella muy brillante al final del mango de la Osa Menor. Estas dos estrellas se llaman estrellas puntero porque apuntan a la Estrella Polar. Otro nombre para la Osa Mayor es Ursa Mayor, y otro nombre para la Osa Menor es Ursa Minor.

URSA MAJOR

LA LEYENDA SOBRE LA OSA MAYOR Y LA OSA MENOR

Este relato épico comienza con Calisto, una mujer humana a la que Hera, la esposa de Zeus, no veía con buenos ojos. Hera convirtió a la pobre Calisto en un gran oso pardo. Calisto no pudo volver a casa con su familia y tuvo que vivir en el bosque. Calisto tenía un hijo y lo echaba mucho de menos. Un día, su hijo fue a cazar al bosque y Calisto lo vio desde lejos. Esto la hizo tan feliz que corrió hacia él para darle un fuerte abrazo, ¡pero su hijo pensó que era un oso cualquiera que venía a atacarle! Por lo que alzó su lanza, dispuesto a atacar al temible oso.

Zeus observaba todo esto desde el cielo y decidió ayudar. Recogió a Calisto y a su hijo y los llevó a las estrellas, donde siempre podrían estar juntos. Calisto es la Osa Mayor, y su hijo, es la Osa Menor.

UN CONSEJO PRÁCTICO DE LOS ASTRÓNOMOS

Los astrónomos utilizan una medida llamada grados para mostrar la distancia a la que se encuentran distintos objetos en el espacio. Tú también puedes utilizarlos con este asombroso truco. Sólo necesitas tu propia mano.

Estira el brazo hacia delante y cierra la mano en un puño. La distancia desde el primer nudillo (no cuentes el pulgar) hasta el cuarto, es de 10 grados. Ahora extiende sólo el pulgar y el meñique. La distancia de punta a punta es de 25 grados. Y si levantas sólo el dedo meñique, su ancho será de 1 grado.

Este práctico truco puede ayudarte a encontrar las estrellas. Pruébalo con la Estrella Polar. Debería estar a 30 grados del extremo de la Osa Mayor. Puedes medirla utilizando la medida de tres puños. ¿Ha funcionado?

POLARIS O LA ESTRELLA POLAR

Polaris es la última estrella de la Osa Menor y la más importante, aparte de nuestro Sol, porque nos ayuda a encontrar el Norte. Los exploradores y navegantes la utilizaban para no perderse. Es la única estrella del cielo que no se mueve. De hecho, todas las demás estrellas parecen girar alrededor de la Estrella Polar.

Polaris tiene unos 70 millones de años, ¡lo que significa que algunos dinosaurios pudieron haberla visto!

CÓMO ENCONTRAR EL NORTE

Ya has aprendido a encontrar la Estrella Polar, pero hay otra forma de saber dónde está el Norte. Puedes utilizar una brújula. Las brújulas tienen una aguja en el centro que siempre apunta hacia el Polo Norte. Sujeta la brújula horizontalmente sobre la palma de tu mano. Gírate para mirar en la dirección en la que apunta la aguja. ¡Felicidades, has encontrado el Norte!

Si no tienes brújula, puedes descargarte una aplicación para smartphone que funciona de la misma manera. Encontrar el norte, te ayudará a saber dónde mirar para encontrar las constelaciones. Si miras hacia el norte, también sabrás que el este está a tu derecha, el oeste a tu izquierda y el sur detrás de ti.

PRIMERAS ESTRELLAS A LOCALIZAR

Puedes utilizar algunas estrellas para ayudarte a encontrar otras. Ésta es otra forma en la que Polaris, la Estrella Polar, te resultará realmente útil. Puedes encontrar muchas constelaciones midiendo un número de grados a partir de Polaris. Sólo tienes que utilizar tu brújula para saber en qué dirección medir.

Ahora ya sabes cómo encontrar la Osa Mayor y la Osa Menor. Recuerda buscarlas en el norte.

Otra constelación fácil de encontrar es Orión. Esta vez tendrás que mirar hacia el sur. Utiliza el método de la mano para medir aproximadamente 30 grados por encima del horizonte y busca tres estrellas brillantes en línea. Estas estrellas forman el Cinturón de Orión. Sus brazos se extienden por encima de este cinturón y sus piernas se sitúan por debajo.

Si mides unos 40 grados al oeste del Cinturón de Orión, encontrarás un grupo de estrellas llamado las Pléyades. Este grupo está formado por unas 3.000 estrellas, todas titilando juntas. Se ven como si alguien hubiera derramado una bolsa de diamantes en el cielo. Las Pléyades, son uno de los cúmulos estelares más cercanos a la Tierra, por eso se ven tan brillantes.

CAPÍTULO 19
CONSTELACIONES PARA LA PRIMAVERA

Como la Tierra siempre se está moviendo alrededor del Sol, no siempre podemos ver las mismas estrellas en el cielo. Igual que cada vez que miras por la ventanilla de tu coche ves cosas diferentes, el paisaje del espacio cambia cada día, pero como la Tierra se mueve en una órbita, siempre volverá al mismo lugar a la misma hora. Los astrónomos han podido crear mapas de las estrellas, de modo que sabremos lo que podemos ver en diferentes épocas del año.

Todas estas constelaciones pueden verse en primavera (¡siempre que no llueva!).

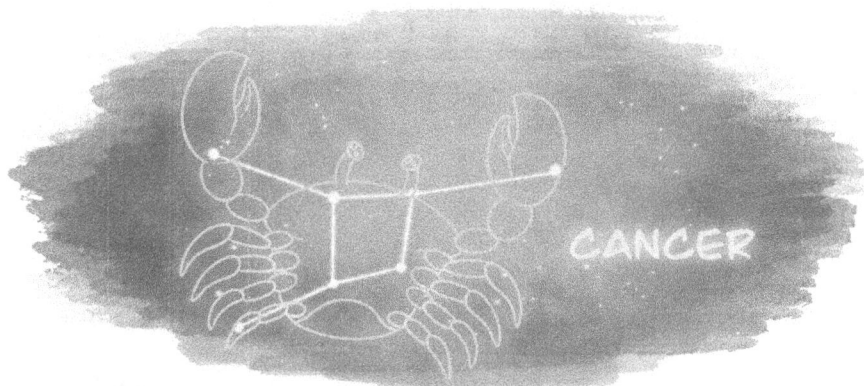

CÁNCER

La mejor época para ver esta constelación de estrellas es entre febrero y mayo. Es una constelación difícil de ver porque sus estrellas no son tan brillantes como otras. Tendrás que recordar cómo se miden los grados con las manos.

Primero, sigue las instrucciones de las páginas siguientes para encontrar la constelación de Leo. Intenta imaginar una línea que recorra la espalda de Leo, empezando por la estrella situada en la parte superior de su cola y uniéndose después a la estrella situada en la base de su melena. Utilizando tus puños para medir 20 grados, sigue dibujando esa línea por debajo de la cabeza de Leo y por delante de él. Deberías encontrar la estrella correcta en el centro del cangrejo.

Otra forma de encontrar Cáncer es utilizando tu brújula. Mira hacia el sur y usa tus puños para medir 50-60 grados hacia arriba desde el horizonte. Dependiendo del mes, puede que tengas que mirar un poco más hacia la izquierda o hacia la derecha. ¡Si combinas ambas técnicas, tendrás grandes posibilidades de localizarlo!

¿Sabías que?

- Cáncer fue registrada por primera vez en el año 2 d.C. por un astrónomo griego llamado Ptolomeo.
- Esta constelación tiene un cúmulo de estrellas en su centro. Llamado Cúmulo de la Colmena, tiene alrededor de 1.000 estrellas y más de 600 millones de años.

LEO

Leo, el león, puede verse rugiendo por la parte oriental del cielo en marzo, y en mayo ya se ha desplazado hacia el sur. La imagen del león se reconoce en el cielo desde hace más de 6.000 años. Es una de las constelaciones más fáciles de ver porque Leo está formada por algunas estrellas muy brillantes.

Para encontrar Leo en el cielo, primero tienes que encontrar la Osa Mayor. Busca las dos estrellas que forman el lado de la Osa Mayor más alejado del asa. Usa tu imaginación para unirlas y dibuja una línea que las atraviese. Mantén esa línea saliendo de la parte inferior de la sartén o cacerola unos 35-40 grados. Recuerda, ¡eso son tres puños y medio o cuatro! Tu línea debería terminar en la punta de la cola de Leo.

También puedes encontrar a Leo utilizando una brújula, pero la dirección a la que mires cambiará dependiendo del mes que sea. En marzo, mira hacia el este y mide 40 grados sobre el horizonte. En abril y mayo, tendrás que medir 60 grados hacia arriba y mirar hacia el sur-sureste.

¿Sabías que?

- La constelación de Leo puede verse tanto desde el hemisferio norte como desde el hemisferio sur.
- Leo alberga 156 estrellas diferentes, pero sólo 13 de ellas tienen nombre oficial. La estrella más brillante se llama Regulus.

LA LEYENDA DE LEO EL LEÓN

Este es un cuento mitológico que la gente contaba hace mucho tiempo sobre la constelación de Leo. La primera tarea encomendada a Hércules tenía que ver con un león en la ciudad griega de Nimea. El león entraba en la ciudad y capturaba a algunos de sus habitantes. Cuando los aldeanos iban a rescatarlos de la cueva del león, éste se los comía a todos. Nadie podía derrotar al león porque su piel era tan gruesa que las espadas y las lanzas rebotaban en ella. Hércules luchó contra el león con sus propias manos, lo derrotó y liberó a los habitantes capturados.

Hera, la esposa de Zeus, se enfadó porque el león no había vencido a Hércules, pero quiso recompensarlo por intentarlo. Puso al león en las estrellas y creó la constelación llamada Leo.

BOÖTES

Hay muchas historias diferentes sobre quién fue Boötes, todas ellas procedentes de la mitología griega. La historia más famosa cuenta que Boötes fue el hombre que inventó el arado, haciendo la agricultura más rápida y fácil y llevando más comida a todos los pueblos. Su imagen se colocó en las estrellas para honrarle por su maravilloso invento.

Si quieres ver a Boötes, tendrás que mirar hacia el este entre abril y mayo, y hacia el sur entre junio y julio. No olvides utilizar una brújula o una aplicación de brújula para asegurarte de que miras en la dirección correcta. En abril, la constelación está a sólo 20 grados sobre el horizonte, pero en los demás meses, tendrás que medir unos 60 grados.

También puedes encontrar Boötes ayudándote de la Osa Mayor. Calcula dónde está el asa de la Osa Mayor y une las estrellas con una línea curva. Sigue esa curva imaginaria otros

30 grados y llegarás a la estrella más brillante de Boötes. Esta estrella se llama Arturo y es como el ombligo de Boötes. Debajo de Arturo, puedes ver dos piernas, y encima está el torso del labrador que tiene forma de cometa.

¿Sabías que?

- La constelación de Boötes contiene 10 estrellas que tienen planetas orbitando a su alrededor.
- Hay una enorme zona del espacio en Boötes llamada el Vacío de Boötes porque parece estar vacía. Contiene 60 galaxias, pero en un área tan grande, se esperaría ver unas 1.000. ¡Faltarían muchísimas galaxias! Muchos astrónomos creen que el vacío de Boötes es espeluznante por su oscuridad. ¿Quizá les preocupa que algo se esté comiendo las estrellas?

VIRGO

La constelación de Virgo es la segunda más grande del cielo. A Virgo se le suele relacionar con la cosecha, incluso su historia está relacionada con la propia diosa griega de la cosecha. Se llamaba Deméter y se encargaba de cuidar que las cosechas crecieran bien y todo el mundo tuviera suficiente para comer. Algunos creen que Virgo no es Deméter, sino su hija Perséfone, que era quien provocaba los cambios de estación. Sea quien sea Virgo, la constelación muestra a una joven que sostiene una espiga de trigo en su mano izquierda para recordar a todo el mundo que ella trae buena salud a las cosechas.

Virgo tiene algunas estrellas de brillo tenue y otras más brillantes, lo que significa que algunas partes de la constelación son más fáciles de ver que otras. Puede que tengas que mirar mucho para verla toda. Si sabes encontrar la Osa Mayor, también deberías ser capaz de encontrar a Virgo.

Empieza de nuevo con la Osa Mayor e imagina una línea curva que sale desde el mango. Sigue esa línea unos 30 grados -tres puños- hasta que llegues a la brillante estrella de Arturo. Sigue 30 grados más y encontrarás otra estrella muy brillante. Ésta se llama Spica, y es el trigo que sostiene Virgo.

Otra forma de encontrar la constelación de Virgo es utilizando una brújula para encontrar el sureste y medir unos 30 grados por encima del horizonte. Después, busca la estrella brillante de Spica para ayudarte a encontrar el resto de la imagen. Virgo se ve mejor entre abril y junio.

<u>¿Sabías que?</u>

- La constelación de Virgo alberga varias galaxias. Una de ellas ha recibido un nombre muy gracioso: ¡la Galaxia del Sombrero! Esto se debe a que tiene forma de sombrero ancho.
- Spica es un tipo de estrella llamada gigante azul. Es más de 12.000 veces más brillante que nuestro Sol, por eso podemos verla desde tan lejos. Deberías ser capaz de ver que parece más azul que algunas de las otras estrellas cercanas, y esta sería una forma de ayudarte a identificarla.

CAPÍTULO 20
CONSTELACIONES PARA EL VERANO

Observar las constelaciones en verano puede ser complicado porque no oscurece hasta mucho más tarde. Por supuesto, las estrellas están ahí incluso de día, pero no podemos verlas debido a la luz del sol. La mejor hora para buscar constelaciones suele ser sobre las 9 de la noche, ¡pero puede que tengas que quedarte despierto hasta más tarde si aún no ha oscurecido lo suficiente!

La buena noticia es que hay un montón de constelaciones para buscar una vez que oscurece. Éstas son las estrellas de verano por las que merece la pena perderse el sueño.

HÉRCULES

Hércules es visible en el cielo nocturno durante cinco meses al año. En mayo y junio, podrás encontrarlo hacia el este. En agosto y septiembre, estará al oeste. Y en julio, está justo encima.

La mejor manera de encontrar a Hércules, es observando primero dos de las estrellas más brillantes del cielo. Una es Arturo, la estrella situada en el centro de Boötes, puedes volver a consultar este libro para recordar cómo encontrarla. La otra estrella se llama Vega. Para encontrar a Vega, tienes que mirar hacia el norte-noreste. Traza una línea recta desde el horizonte hasta el punto situado justo encima de tu cabeza. Vega será la estrella más brillante de esa línea.

Cuando hayas encontrado Vega y Arturo, únelas con una línea imaginaria. Justo en el centro de esa línea debería estar el asterismo Keystone o Piedra Filosofal. Se trata de un rombo de cuatro estrellas que también hace las veces de pantalón corto de Hércules. Deberías poder ver también los brazos y las piernas que forman el resto de la constelación.

Puedes volver a comprobar que estás mirando en el lugar correcto midiendo desde el horizonte con los puños. En mayo y septiembre, mide 3-4 puños. En junio y agosto, mide 5-6 puños. En julio, mide 9 puños.

¿Sabías que?

- Si tienes un telescopio, podrás ver el Gran Cúmulo de Hércules, un grupo circular de un millón de estrellas. Está en el borde del asterismo Keystone, pero aunque tiene tantas estrellas, no es muy brillante.
- Hay 29 planetas en órbita alrededor de las estrellas de Hércules, incluido un gigante gaseoso 8 veces mayor que Júpiter, el planeta más grande de nuestro sistema solar.

LA LEYENDA DE HÉRCULES

La historia de Hércules es una de las más famosas jamás contadas. El padre de Hércules era Zeus, pero su madre era una mujer humana. La esposa de Zeus no estaba contenta con esto, y siempre le hacía cosas malas a Hércules. Hizo que el rey enviara a Hércules a realizar 12 tareas imposibles, con la esperanza de que fuera destruido. Sin embargo, Hércules era muy fuerte y valiente, y completó todas sus tareas. Cuando Hércules murió, Zeus creó una constelación en su honor. La constelación de Hércules lo muestra luchando con el monstruo Hidra, la cual fue su segunda tarea.

LIBRA

En la antigua Grecia, la diosa de la justicia se llamaba Diké y llevaba consigo una balanza. Las utilizaba para equilibrar lo que era justo y equitativo. La constelación de Libra es una imagen de esas balanzas, que recuerdan a todo el mundo que la justicia es importante.

Puedes encontrar a Libra mirando hacia el sur en los meses de mayo, junio y julio. Siempre aparece bastante baja en el horizonte, por lo que tendrás que esperar a que el sol se haya puesto del todo para poder verla. Mira justo por encima del horizonte sur e intenta encontrar una estrella roja brillante. Esta estrella se llama Antares. Se encuentra entre 20 y 30 grados hacia arriba, dependiendo del lugar exacto del mundo en el que te encuentres.

También tendrás que encontrar Spica, también llamada Espiga, la estrella más brillante de Virgo. Una vez localizadas estas dos estrellas, imagina una línea que las una y encontrarás Libra justo en el centro. Sin embargo, es una de las constelaciones más pequeñas, por lo que es posible que necesites la ayuda de un experto.

Comprueba que estás en el lugar correcto midiendo 30 grados por encima del horizonte. Hay tres estrellas justo encima de Antares que forman una línea parecida al Cinturón de Orión. Libra está justo encima de ellas.

¿Sabías que?

- Libra es la única constelación que da nombre a uno de los 12 signos del zodíaco que no es un ser vivo. Todos los demás son animales o personas.
- Las estrellas de Libra solían formar parte de la constelación de Escorpio. Con el paso de los años, han sido reconocidas como su propia constelación, pero siguen estando muy cerca de Escorpio, y puedes utilizar una constelación para ayudarte a encontrar la otra.

CORONA
BOREALIS

CORONA BOREAL

La constelación de la Corona Boreal es muy pequeña, pero por su forma es muy fácil de ver. Su aspecto es idéntico al del objeto que representa: una corona brillante de joyas. Esta corona fue regalada a una princesa llamada Ariadna. Era el regalo de bodas de su marido, el dios Dionisio. Dionisio quería recordar para siempre ese día tan especial, así que creó una imagen de la corona en el cielo nocturno.

La Corona Boreal se puede ver entre mayo y septiembre. Siempre está cerca de la constelación de Hércules, y puedes encontrarla de forma similar. Busca las estrellas brillantes Vega y Arturo e imagina una línea que las una. A partir de Arturo, mide 20 grados en dirección a Vega y llegarás a otra estrella brillante. Se llama Alphecca y es la estrella más brillante de Corona Boreal. Se encuentra en la parte inferior de la curva de la corona.

También puedes encontrar la Corona Boreal midiendo desde el horizonte. Esto puede ser complicado porque se mueve mucho, lo cual es extraño, ¡ya que una corona no tiene patas! En mayo, hay que mirar hacia el este y medir 50 grados (cinco puños) desde el horizonte. En junio y julio, hay que mirar más hacia el sur y medir 70 grados (siete puños) desde el horizonte. En agosto y septiembre, debes mirar hacia el oeste y medir al menos 30 grados o tres puños.

¿Sabías que?

- La Corona Boreal solía llamarse simplemente Corona. Hay otra constelación que parece una corona llamada Corona Australis, así que se añadió la segunda palabra porque la gente se confundía. La Corona Boreal es la Corona del Norte, y la Corona Australis es la Corona del Sur.
- La Corona Boreal sólo tiene ocho estrellas en su patrón, y cinco de ellas tienen planetas que las orbitan.

LYRA

Probablemente ya hayas visto Lyra pero no te habías dado cuenta, ya que es la constelación que tiene a Vega en su patrón. Por eso es muy fácil encontrar a Lyra, y puedes buscarla entre los meses de junio y octubre. En realidad, Lyra tiene forma de pececito con cola triangular y cuerpo en paralelogramo.

¿Recuerdas cómo encontrar Vega? Mira hacia el norte-noreste e imagina una línea que una el horizonte con el punto más alto del cielo. Vega será la estrella más brillante de esa línea. Vega es una de las esquinas del triángulo de Lyra, así que si miras a tu alrededor, deberías ser capaz de identificar el resto de la constelación.

Si prefieres encontrar Lyra midiendo, prepara tu brújula o tu aplicación de brújula. En junio y julio, tendrás que mirar hacia el este. En septiembre y octubre, tendrás que mirar hacia el oeste, pero en agosto, deberías encontrar Lyra y Vega justo sobre tu cabeza. El número de grados que tendrás que medir dependerá de cuándo estés mirando. Dado que Lyra se desplaza por encima de nuestras cabezas, su distancia al horizonte cambia rápidamente. En junio y octubre, mide al menos 40 grados hacia arriba, pero en julio y septiembre, tendrás que medir al menos 60 grados.

<u>¿Sabías que?</u>

- Vega, la estrella más brillante de Lyra, fue la primera estrella, aparte de nuestro Sol, que fue fotografiada. Los astrónomos del Observatorio de Harvard lo hicieron en 1850.
- Vega es una estrella muy importante porque solía ser la Estrella del Norte. Debido a que la Tierra gira en un ligero ángulo, la posición del Polo Norte cambia muy, muy lentamente. Con el tiempo, dejó de apuntar a Vega y en su lugar apuntó a Polaris. Vega volverá a ser la Estrella del Norte dentro de unos 13.000 años.

LA LEYENDA DE LYRA, EL ARPA

No todas las constelaciones llevan nombres de animales o personas. Lyra era un arpa que pertenecía al músico griego Orfeo. Orfeo viajó con Jasón en su búsqueda del Vellocino de

Oro y utilizó su arpa para ayudar siempre que pudo. Su música tenía un poder mágico para calmar a los animales enfadados y evitar que fueran peligrosos. Zeus creó la constelación de Lyra con estrellas. Fue su forma de hacer que todo el mundo recordara a Orfeo.

SCORPIUS

ESCORPIO

Esta constelación es más fácil de ver si vives en el hemisferio sur, pero en verano es posible ver este escorpión asomando por el horizonte. Eso sí, tendrás que esperar hasta bien entrada la noche para verlo (sobre las 22:00). La mejor época para ver Escorpio es en julio, pero también es posible en junio y agosto, sobre todo si vives cerca del ecuador.

Para ver Escorpio, mira hacia el horizonte sur y busca una estrella brillante de color naranja rojizo. Se trata de Antares, la misma estrella que nos ayudó a encontrar Libra. A un lado de Antares hay tres estrellas alineadas. Forman la pinza del escorpión. Al otro lado de Antares hay una forma alargada, parecida a un signo de interrogación. Es la cola venenosa de Escorpio.

<u>¿Sabías que?</u>

- En Hawái, se dice que la cola curvada de Escorpio representa el anzuelo mágico de Maui. Maui es un semidiós que aparece en muchos mitos hawaianos, pero la mayoría de la gente lo conoce ahora por la película Moana.

- Hay quienes dicen que Antares es el rival de Marte, porque los dos se parecen mucho. Es casi imposible distinguirlos cuando aparecen en el cielo al mismo tiempo. Ambas tienen un tinte rojizo y se ven más brillantes que el resto de las estrellas que las rodean.

LA LEYENDA DE ESCORPIO EL ESCORPIÓN

Esta es otra asombrosa leyenda mitológica de una constelación, esta vez de Escorpio el Escorpión. Orión era tan buen cazador que una vez se jactó de que cazaría a todos los animales del mundo. La diosa griega Gea, creadora de la naturaleza, se enfadó mucho con él. Creó a Escorpio, un escorpión gigante, para proteger a sus animales. Escorpio luchó contra Orión y consiguió derrotarlo. Zeus quedó tan impresionado con Escorpio que le dio su propio lugar en el cielo como constelación. Allí permaneció como recordatorio para Orión de que no es buena idea ser vanidoso.

Orión y Escorpio nunca pueden verse en el cielo al mismo tiempo. Los griegos decían que esto se debe a que cuando uno aparece, ahuyenta al otro. Hoy en día sabemos que se debe a que la Tierra gira, y las dos constelaciones se encuentran en lugares diferentes del espacio.

EL CISNE

Más adelante descubrirás cómo el dios griego Zeus se transformó en toro cuando conoció a la princesa Europa. Sin embargo, la constelación de Cygnus o el Cisne, nos habla de otro cuento folclórico en el que Zeus, de nuevo, quería llamar la atención de alguien transformándose en una criatura. Esta vez se convirtió en cisne, y la persona a la que quería llamar la atención se llamaba Leda, la madre de Cástor y Pólux.

El Cisne puede verse volando por el cielo entre julio y octubre. Tendrás que volver a encontrar a Vega, ¡ya debes de ser un experto en esto! Una vez que puedas ver Vega, imagina una línea que la una al horizonte noreste. Mide 25 grados a lo largo de esta línea y pasarás junto a la estrella situada en el extremo de la cola del Cisne. Se llama Deneb, y también forma parte de un asterismo llamado Cruz del Norte. Si extiendes las líneas de la Cruz del Norte, formarás las dos alas y el largo cuello del cisne.

Si vas a buscar en septiembre, podrás ver al Cisne volando justo encima de ti. En julio y agosto, deberás mirar hacia el este y medir entre 40 y 70 grados desde el horizonte, dependiendo de la hora a la que busques. En octubre, deberás mirar hacia el oeste y medir a unos 60 grados del horizonte. El Cisne es una de las constelaciones más fáciles de observar, ya que tiene una cruz distintiva en su centro.

¿Sabías que?

- Si observas las estrellas desde una zona muy oscura, es posible que puedas ver lo que parece una fina nube lechosa debajo del Cisne. Es parte de la Vía Láctea, nuestra asombrosa galaxia.
- Si tienes prismáticos o un telescopio, también podrás ver la Nebulosa de Norteamérica. Es una nube gigante de polvo espacial y parece un tenue resplandor próximo a la estrella Deneb.

AQUILA

Otra ave mitológica de las estrellas, Aquila, es un águila que vuela cerca del Cisne. El águila pertenecía a Zeus y era el único animal, aparte de Pegaso, que podía transportar sus rayos. Zeus también ordenó a Aquila que llevara a un humano llamado Ganímedes al Olimpo, el hogar de los dioses, para que les sirviera y realizara todas sus tareas. Ganímedes acabaría también teniendo su propia constelación, llamada Acuario.

Aquila puede verse en julio, agosto, septiembre y octubre. En julio, empieza utilizando tu brújula o aplicación de brújula para encontrar el este y luego mide tres puños hacia arriba desde el horizonte. En agosto, oriéntate un poco más hacia el sur y mira un poco más arriba: cinco puños esta vez. En septiembre y octubre, tendrás que encontrar el cielo del suroeste y mirar entre cuatro y cinco puños por encima del horizonte.

También puedes encontrar Aquila buscando Vega. Imagina una línea que vaya entre Vega y la estrella situada en el extremo del paralelogramo de Lyra. Recorre tres puños a lo largo de esta línea, y deberías ver la estrella más brillante a la cabeza de Aquila. Esta estrella se llama Altair, y tiene dos estrellas más tenues a cada lado, que son como pequeñas orejitas.

¿Sabías que?

- Si unes la estrella brillante de Aquila, Altair, con Vega y Deneb, formarás otro asterismo. Este asterismo se llama Triángulo de Verano.
- Aquila es la palabra latina para águila, y Altair viene de una frase árabe que significa "águila voladora". ¡Esta constelación tiene un águila dentro de un águila!

SAGITARIO

Sagitario es otra constelación que se mantiene cerca del horizonte, sin superar nunca los 20 grados. Esto significa que tendrá que estar muy oscuro en el exterior, y es posible que sólo puedas ver una parte de este mítico arquero. La única época para ver Sagitario en el hemisferio norte es de julio a septiembre.

Mira hacia el sur y utiliza los consejos de las páginas anteriores para encontrar Altair. Utiliza tus puños para medir 40 grados desde Altair hasta el horizonte suroeste. Ahora deberías estar cerca de un grupo especial de estrellas en Sagitario: el asterismo de la Tetera. Este asterismo es el pecho y los brazos del arquero cuando retira su arco, listo para disparar hacia el cercano Escorpio.

Si quieres encontrar Sagitario con tu brújula o aplicación de brújula, tienes que encontrarlo orientándote hacia el sur. Mide entre 10 y 20 grados desde el horizonte y sigue buscando la forma de tetera.

<u>¿Sabías que?</u>

- Aunque se puede ver Sagitario en el hemisferio norte, es más común pensar que es una constelación que forma parte del hemisferio sur. En realidad es la constelación más grande del hemisferio sur, pero sólo la 15ª constelación más grande en general.
- Sagitario se encuentra en el centro de la Vía Láctea. Esto explica por qué hay tantos cúmulos estelares y nebulosas dentro de esta constelación.

LA LEYENDA DE SAGITARIO

Esta es otra leyenda legendaria transmitida de generación en generación. Se supone que la constelación de Sagitario representa a Quirón, un arquero de la mitología griega, pero era muy especial porque también era un centauro (una criatura mitológica). Un centauro tiene el cuerpo de un caballo, pero donde debería estar el cuello del caballo está el torso, los brazos y la cabeza de un hombre. Se suponía que los centauros eran muy sabios, y Quirón era el más sabio de todos. Fue maestro de grandes héroes como Hércules, Jasón y Aquiles.

Un día hubo un accidente, y Quirón se puso muy enfermo porque fue envenenado por la Hidra que Hércules derrotó. Aunque Quirón era un experto sanador, no pudo evitar que el veneno lo enfermara. Así que Zeus alzó a Quirón y lo puso en las estrellas, donde podría quedarse para siempre y no volver a enfermar.

CAPÍTULO 21
CONSTELACIONES PARA EL OTOÑO

Cuando los días empiezan a acortarse, dispones de más horas nocturnas para observar el firmamento. Las estrellas que veías en primavera están ahora muy lejos, y un conjunto completamente nuevo de estrellas titila en el cielo.

PEGASO

El poderoso caballo alado es una gran constelación para encontrar. Tiene una forma fácilmente reconocible, que incluye un asterismo en forma de cuadrado. El cuello y la cabeza de Pegaso parten de una esquina de este cuadrado, de una estrella llamada Markab. Las dos patas delanteras salen de otra estrella llamada Scheat. Puedes ver a Pegaso en el cielo desde septiembre hasta diciembre.

Utiliza tu brújula para encontrar el horizonte al este, y mide 30 grados hacia arriba en septiembre y 60 grados hacia arriba en octubre. Deberías poder ver el asterismo del Gran Cuadrado porque las cuatro estrellas de las esquinas son muy brillantes. Si miras en noviembre, recuerda dirigirte hacia el sur en lugar de hacia el este y medir 70 grados hacia arriba. En diciembre, Pegaso se desplaza hacia el oeste y se encuentra a 50 grados hacia arriba.

También puedes encontrar a Pegaso si sabes dónde está la Estrella Polar. Puedes encontrarla localizando la Osa Mayor y siguiendo las estrellas puntiagudas. Imagina una línea desde el extremo del mango de la Osa Mayor hasta la estrella Polar. Vuelve a medir el doble de distancia y llegarás a un grupo de estrellas que forman una W. Busca la estrella más brillante en el extremo final de esta W y traza otra línea desde la estrella Polar que la atraviese. Esta línea te llevará al Gran Cuadrado de Pegaso.

¿Sabías que?

- Como el Gran Cuadrado es tan fácil de ver, los navegantes y astrónomos lo utilizan para ayudarles a encontrar otras figuras en el espacio.
- El primer planeta descubierto fuera de nuestro sistema solar, orbita alrededor de una estrella de Pegaso.

LA LEYENDA DE PEGASO, EL CABALLO ALADO

Ésta es la fábula del poderoso Pegaso. Pegaso pertenecía a un héroe griego llamado Belerofonte. Juntos vivieron muchas aventuras. Pegaso ayudó a Belerofonte a luchar contra un terrible monstruo llamado Quimera. Era una especie de mezcla parte de león, cabra y serpiente que respiraba fuego.

Pegaso era un caballo muy especial, y no sólo porque tuviera alas y pudiera volar. Si golpeaba el suelo con la pezuña, salía un chorro de agua, y si Pegaso batía sus alas como nosotros batimos las palmas, emitía el sonido de un trueno. Pegaso era también el único animal que podía transportar los rayos de Zeus sin resultar herido. Zeus solía pedirlo prestado a Belerofonte para que le ayudara, y decidió crear una constelación en honor a Pegaso por ser tan leal y servicial.

CAPRICORNIO

Cuando el filósofo griego Ptolomeo escribió las historias de todas las constelaciones, dijo que Capricornio era la imagen del dios griego Pan. Pan era un hombre con cuernos y patas de cabra. En una de las tantas historias, Pan era perseguido por un monstruo y tuvo que saltar a un río para escapar. Cuando sus piernas se mojaron, se transformaron en la cola de un pez.

La constelación de Capricornio es realmente difícil de ver sólo con los ojos porque las estrellas que la forman son muy tenues. Si quieres vislumbrar al mítico ser mitad cabra mitad pez, tendrás que encontrar un lugar muy oscuro y alejado de la luz artificial. Capricornio es visible entre septiembre y noviembre.

Asegúrate de estar orientado hacia el sur y busca las estrellas brillantes Vega y Altair. Estas estrellas se encuentran en las constelaciones de Lyra y Aquila. Partiendo de Altair, imagina una línea que pase por Vega. Mide tres puños (30 grados) desde Vega, y deberías aterrizar en la constelación de Capricornio.

Otra forma de encontrar Capricornio es midiendo 30 grados hacia arriba desde el horizonte sur. Mira ligeramente hacia el este en septiembre y ligeramente hacia el oeste en octubre.

¿Sabías que?

- La estrella de los cuernos de Capricornio llamada Algedi es en realidad ¡dos estrellas! Estas estrellas orbitan entre sí, y puedes ver las estrellas separadas con unos prismáticos.
- La mayoría de las constelaciones fueron registradas por primera vez por los antiguos griegos, pero Capricornio parece haber sido creada por los babilonios. Se han encontrado reliquias antiguas con dibujos de una cabra con cola de pez que tienen 4.000 años de antigüedad.

ACUARIO

¿Recuerdas a Ganímedes, el joven llevado al Olimpo por el águila Aquila del que hemos hablado antes? Pues es la constelación de Acuario. Cuenta la leyenda que, a cambio de llevar de beber a los dioses y llenar sus copas cuando tenían sed, Ganímedes recibió la promesa de que nunca envejecería. Zeus lo elevó a las estrellas para que siempre estuviera allí.

Puedes intentar localizar esta constelación entre septiembre y noviembre, pero puede que te lleve mucha práctica porque Acuario no tiene estrellas brillantes. Está muy cerca de Capricornio y Piscis, así que puedes ayudarte de estas otras constelaciones.

Al igual que los antiguos astrónomos, puedes utilizar el Gran Cuadrado de Pegaso para ayudarte a encontrar Acuario. Busca la estrella Scheat, que es la esquina del cuadrado con las patas de Pegaso. Traza una línea desde esta estrella hasta Markab, la estrella situada en la base del cuello de Pegaso. Mantén esa línea pasando por Markab durante 20 grados, y deberías aterrizar en Acuario.

También puedes encontrar Acuario mirando hacia el sur; no olvides utilizar una brújula o una aplicación de brújula para ayudarte. Mide 30 grados hacia arriba desde el horizonte. Mira hacia el sureste en septiembre y hacia el suroeste en noviembre para seguir a Acuario a través del cielo nocturno.

¿Sabías que?

- El nombre Acuario proviene de la palabra latina *aqua*, que significa agua. En las estrellas, Acuario puede verse vertiendo agua de una jarra.
- Acuario es una de las varias constelaciones con temática acuática. Estas se encuentran en una zona del espacio conocida como "El Mar".

CASIOPEA

La fábula de la reina Casiopea contiene dioses griegos y monstruos marinos. La reina Casiopea presumió una vez de ser más bella que las hijas de Poseidón. Poseidón, el dios griego del mar, no estaba muy contento con sus afirmaciones y envió una serpiente marina para atacar su reino. Tras la derrota, Casiopea fue colocada en las estrellas como castigo por ser tan vanidosa. En su constelación, está encadenada a un trono gigante y, durante la mitad del año, tiene que colgar cabeza abajo.

La constelación de Casiopea es una de las pocas constelaciones visibles durante todo el año, pero la mejor época para verla es entre septiembre y febrero. Casiopea está cerca de la Estrella Polar. Busca la Osa Mayor y traza una línea desde las estrellas punteras hasta la Estrella Polar. Mantén la línea durante la misma distancia y aterrizarás en Casiopea. Las cinco estrellas de Casiopea tienen forma de W o de M, dependiendo de la posición en que se encuentre. Las cinco estrellas son muy brillantes, por lo que deberían ser fáciles de ver.

Casiopea se encuentra en las direcciones norte durante los meses de otoño e invierno, por lo que puedes utilizar una brújula para asegurarte de que miras en la dirección correcta. Mira hacia el noreste en septiembre, hacia el norte en noviembre y hacia el noroeste en enero. La constelación sube y baja por encima de nuestras cabezas, por lo que la encontrarás a 30-40 grados de altura en septiembre y febrero, subiendo hasta los 70 grados en noviembre.

¿Sabías que?

- Las cinco estrellas de Casiopea tienen nombres oficiales. Son Segin, Ruchbah, Gamma, Schedar y Caph. Schedar tiene un aspecto anaranjado, mientras que todas las demás parecen blancas.
- La constelación solía llamarse la Silla de Casiopea por el trono al que está atada. El nombre no se cambió hasta 1930.

ARIES

La mitología cuenta que Aries era un carnero especial con un hermoso vellocino de oro. Se le ofreció como tributo a Zeus, y Zeus colocó al carnero entre las estrellas. El vellocino de oro de Aries estaba custodiado por un dragón. El héroe Jasón fue enviado a recuperarlo.

Esta constelación se ve mejor entre octubre y enero, e incluso entonces puede ser difícil de localizar. Busca la estrella más brillante, Hamal, que te ayudará. Aries tiene forma de línea recta con una ligera curva en el extremo, y Hamal está en el centro.

La forma más fácil de encontrar Aries es buscar primero a Casiopea. Busca las dos estrellas llamadas Caph y Shedar. Recuerda que Shedar es fácil de ver porque tiene un tinte amarillo anaranjado. Traza una línea entre las dos y síguela 40 grados más allá de Shedar. Así llegarás a la constelación de Aries.

Encontrar Aries con la brújula es más difícil porque se desplaza mucho de un mes a otro. En octubre, mira hacia el este y mide 30 grados hacia arriba. En noviembre, mira hacia el sureste y mide 70 grados hacia arriba. En diciembre, seguirás midiendo 70 grados hacia arriba, pero esta vez tendrás que asegurarte de que miras hacia el sur. En enero, tendrás que mirar hacia el oeste y medir 50 grados hacia arriba desde el horizonte.

¿Sabías que?

- Aries alberga una galaxia espiral que está a 450 millones de años luz de la Tierra.
- 2.000 años antes de que los griegos le dieran el nombre de Aries, la constelación ya era imaginada con forma de carnero por los astrónomos babilonios.

PISCIS

Piscis es la palabra latina para pez, y hay dos peces en esta constelación. La historia cuenta que la constelación representa a dos peces que salvaron a la diosa Afrodita y a su hijo Eros cuando eran perseguidos por un monstruo. Saltaron a un río para escapar y dos peces nadaron hasta allí y les ayudaron a mantenerse a salvo.

Esta es otra constelación difícil de distinguir porque no hay estrellas brillantes en Piscis. La constelación tiene forma de V con una estrella en la punta, que une las colas de los dos peces. Esta estrella se llama Alrescha.

La mejor época para observar Piscis es entre octubre y enero. Puedes utilizar el Gran Cuadrado para ayudarte a encontrar Piscis. Si mides 10 grados al este del Gran Cuadrado, deberías encontrar uno de los peces, y si mides 10 grados al sur, deberías encontrar el otro. Alrescha está a 20 grados al sureste.

En octubre, busca el horizonte hacia el este con tu brújula y mide 30 grados hacia arriba para encontrar Piscis. Haz lo mismo en enero, pero mirando hacia el oeste. En noviembre y diciembre, tendrás que mirar hacia el sur y medir 60-70 grados.

¿Sabías que?

- Piscis se encuentra en la zona del cielo conocida como "El Mar", junto con otras constelaciones de temática acuática como Acuario y Capricornio.
- Trece de las estrellas de Piscis tienen sus propios planetas.

CAPÍTULO 22
CONSTELACIONES PARA EL INVIERNO

El invierno no siempre es la época más fácil para ver constelaciones, lo cual es una pena, ya que algunas sólo son visibles durante estos meses. El mal tiempo suele nublar los cielos y oscurecer las estrellas. Sin embargo, si logras encontrar un día despejado, podrás observar algunas constelaciones magníficas.

TAURO

El toro, Tauro, puede verse arrasando tanto en el hemisferio norte como en el sur, pero en distintas épocas del año. Se ve mejor entre diciembre y marzo mirando hacia el sur.

Tauro está muy cerca de la constelación de Orión. Si trazas una línea imaginaria a través de las estrellas del cinturón de Orión y la sigues 30 grados más hacia el oeste, llegarás a la cabeza del toro. La cabeza es un pequeño triángulo con dos largos cuernos que salen de la parte superior. Si sigues la línea 10 grados más, llegarás a un cúmulo estelar llamado Las Pléyades.

Tauro está más bajo en el cielo en diciembre y marzo, por lo que tendrás que medir 40-50 grados desde el horizonte sur. Mira ligeramente hacia el este en diciembre y enero y hacia el oeste en marzo. En enero y febrero, tendrás que medir entre 60 y 70 grados hacia arriba, ya que las estrellas se elevan más.

· · ·

¿Sabías que?

- ¡La constelación de Tauro se dibuja como un toro desde hace más de 10.000 años! Se han encontrado imágenes de esta disposición en pinturas rupestres.
- Tauro y Orión se enfrentan como si estuvieran en una batalla. Esto tiene sentido porque Orión es un gran cazador.

LA LEYENDA DEL TORO TAURO

En esta mágica historia, Zeus se interesó por una princesa humana llamada Europa y quiso que ella también se interesara por él. Como los humanos sólo pueden ver a los dioses cuando están disfrazados, Zeus decidió transformarse en un gigantesco toro blanco. Se acercó a Europa cuando estaba recogiendo flores en la orilla. Europa nunca había visto un toro tan amistoso y se subió al lomo de Zeus. Zeus se zambulló en el mar y nadó hasta la isla de Creta, con Europa sobre su lomo.

Zeus se transformó en hombre y le dijo a Europa quién era. Ella se quedó en la isla y formaron una familia. Como Zeus era un dios, no envejeció, pero Europa sí. Cuando ella murió, Zeus estaba muy triste, así que se transformó en toro una vez más y llevó a Europa a las estrellas, donde se convirtieron en la constelación de Tauro el Toro.

CAPÍTULO 22

ORIÓN

Orión es una de las constelaciones más famosas y también una de las más fáciles de observar. Su característico cinturón de tres estrellas brillantes permite verla incluso cuando el cielo no está muy oscuro. Aunque Orión se puede ver en muchas épocas del año, la mejor época para observar la constelación es de enero a marzo.

Encontrar Orión con una brújula es bastante fácil. Utilízala para ayudarte a encontrar el horizonte sur y medirlo. En enero, tendrás que mirar ligeramente hacia el este y medir 30 grados. En marzo, mira ligeramente hacia el oeste y mide 40 grados. En febrero, la constelación está en su punto más alto, por lo que tendrás que medir 50 grados.

También puedes encontrar Orión sin medir, debido a lo brillante que es el Cinturón de Orión. Mira hacia el sur y levanta la vista hasta que veas tres estrellas brillantes alineadas.

Los hombros de Orión se elevan desde el cinturón. Busca la estrella brillante llamada Betelgeuse en su axila. Las rodillas de Orión están a la misma distancia por debajo del cinturón, y la estrella brillante de una de sus rodillas es Rigel.

¿Sabías que?

- El Cinturón de Orión es un asterismo reconocido desde hace miles de años. Los antiguos egipcios diseñaron sus pirámides de forma que apuntaran hacia este asterismo.
- Debajo del Cinturón de Orión está la Nebulosa de Orión, pero no se puede ver sin usar un telescopio potente porque está muy lejos.

LA LEYENDA DE ORIÓN

Ésta es la antigua leyenda de Orión, un cazador que vivía con Artemisa, la diosa griega del bosque y los animales salvajes. Orión era un semidiós, y su padre era Poseidón, el dios griego del mar. Orión y Artemisa estaban enamorados y querían casarse, pero el hermano de ella, Apolo, no quería que eso ocurriera. Apolo decidió jugarle una mala pasada a Artemisa. Ella también era muy buena cazadora, y Apolo la retó a disparar una flecha y dar en un pequeño blanco en el lago. El lago estaba muy lejos. Sin embargo, Artemisa tenía una puntería excelente y su flecha dio en el blanco.

Cuando fue a ver qué había alcanzado, se disgustó al ver que era Orión, que había estado nadando en el lago. No queriendo olvidarle, Artemisa puso su imagen en las estrellas, donde aparece con su garrote de caza en alto.

GÉMINIS

Las estrellas que forman las cabezas de los gemelos Cástor y Pólux son brillantes y fáciles de ver, pero para ver el resto de la constelación de Géminis se necesita un cielo muy oscuro, ya que las estrellas son mucho más débiles. La mejor oportunidad para ver a los gemelos celestes es entre enero y abril.

En primer lugar, busca el Cinturón de Orión y las estrellas vecinas Betelgeuse y Rigel. Si imaginas una línea que va desde Betelgeuse hasta Rigel y 30 grados más allá, te encontrarás cerca de dos estrellas bastante brillantes. La más brillante es Pólux y la otra es Cástor.

Si no puedes ver Orión, puedes intentar encontrar Géminis midiendo los grados desde el horizonte. En enero, mira hacia el este y mide 40 grados de altura. En febrero, marzo y abril, tendrás que mirar más o menos hacia el sur y medir unos 60-70 grados de altura. Una vez que hayas localizado las dos estrellas gemelas, deberás buscar dos cuerpos en forma de figura de palo situados en paralelo con las estrellas más brillantes como cabezas.

¿Sabías que?

- Cástor es en realidad todo un sistema de 6 estrellas que están tan juntas que parecen una sola estrella.
- La estrella Cástor tiene un aspecto blanco azulado, y Pólux, amarillo anaranjado. Así es como se pueden distinguir. ¡Puede que los gemelos no sean idénticos después de todo!

LA LEYENDA DE GÉMINIS

La famosa leyenda de Géminis está protagonizada por gemelos idénticos. La constelación de Géminis debe su nombre a Cástor y Pólux, dos hijos gemelos de la reina de Tebas. Eran absolutamente idénticos; sin embargo, el padre de Cástor era el rey y el de Pólux, Zeus. Esto convirtió a Pólux en inmortal, lo que significaba que podía vivir para siempre.

Cástor y Pólux lo hacían todo juntos, incluso vivir aventuras. Ayudaron a un héroe llamado Jasón a encontrar el vellocino de oro del carnero Aries. Los gemelos tenían una hermana llamada Helena, que era la mujer más bella de la Tierra. Un día, Helena fue capturada y llevada a la ciudad de Troya. Sus hermanos lucharon en la guerra para recuperarla, pero Cástor fue derrotado. Pólux no quería seguir viviendo sin su hermano y pidió a Zeus que trajera de vuelta a Cástor.

Ni siquiera Zeus, el rey de los dioses, podía traer de vuelta a alguien derrotado en batalla, pero reunió a los gemelos colocándolos a ambos en el cielo nocturno. La constelación de Géminis se parece a dos hombres de palillos, cada uno con una estrella como cabeza. Una estrella se llama Cástor y la otra Pólux.

CAN MAYOR

Can mayor significa "perro mayor" en latín, y esta constelación representa a uno de los perros de caza de Orión. El Can Mayor puede verse siguiendo a Orión por el cielo. También parece perseguir a otra constelación llamada Lepus, que parece un conejo o una liebre. Can Mayor es una constelación importante porque alberga la estrella más brillante del cielo: Sirio, a veces llamada la "Estrella Perro".

Can Mayor nunca se eleva mucho en el cielo, por lo que es un poco difícil de ver. Sólo puede verse en el hemisferio norte en febrero, marzo y abril.

Orión puede ayudarte a encontrar Can Mayor. Busca el Cinturón de Orión e imagina que unes las tres estrellas. Continúa esa línea hacia el sureste y mide dos puños o 20 grados. Deberías acercarte mucho a Sirio, que se asienta en el cuello de Can Mayor como una etiqueta brillante.

Si miras hacia el sur y mides 3 puños, o 30 grados, desde el horizonte, también encontrarás Can Mayor. Mira un poco hacia el este en febrero y un poco hacia el oeste en abril.

¿Sabías que?

- Sirio sólo parece la estrella más brillante del cielo porque está muy cerca de la Tierra, a sólo 8,6 años luz. En realidad no brilla tanto en comparación con otras estrellas.
- Hay otra constelación "perro" en el cielo llamada Can menor, que significa "perro menor" en latín.

CAPÍTULO 23
¡ACONTECIMIENTOS INCREÍBLES EN EL CIELO!

Ahora que ya sabes cuáles son las mejores épocas del año para ver determinadas constelaciones, quizá también quieras estar atento a otros fenómenos fascinantes que tienen lugar en el espacio.

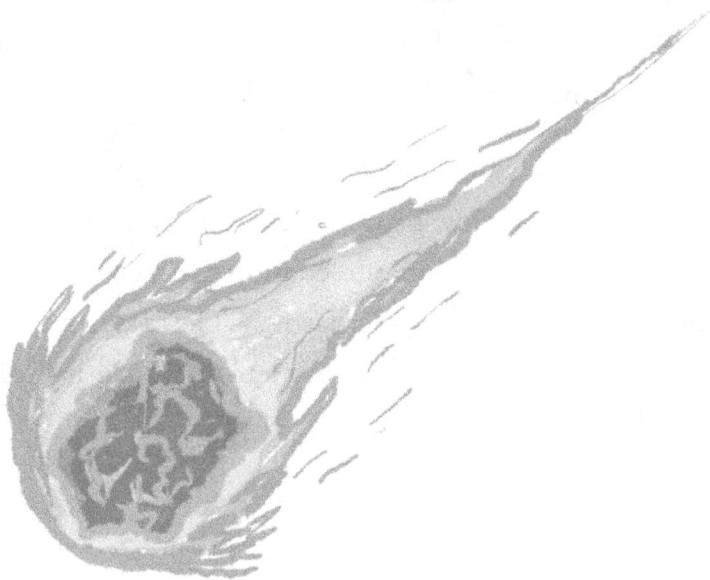

COMETAS

Los cometas orbitan alrededor del Sol al igual que los planetas, pero son mucho más pequeños. Están formados principalmente por hielo, pero también contienen trozos de roca y gas. Al volar por el espacio, desprenden muchos trozos y dejan nubes de polvo espacial. Este polvo aparece como una larga cola difusa que se arrastra detrás de cada cometa. La cabeza del cometa brilla intensamente y la mayoría son fáciles de ver tan sólo con los ojos.

Los cometas tardan mucho más en orbitar alrededor del Sol que nosotros porque están más lejos, incluso más que Neptuno. Algunos cometas tardan cientos de años en completar su órbita. El cometa más famoso es el Halley, que tarda unos 76 años en dar una vuelta alrededor del Sol.

Cuando algunos cometas, como el Halley, pasan cerca de la Tierra, podemos verlos. Esto no ocurre muy a menudo, por lo que es realmente emocionante cuando aparece uno. El cometa Halley no volverá a ser visible desde la Tierra hasta el año 2061, y muchas de las personas que lo vieron en 1986 no volverán a verlo.

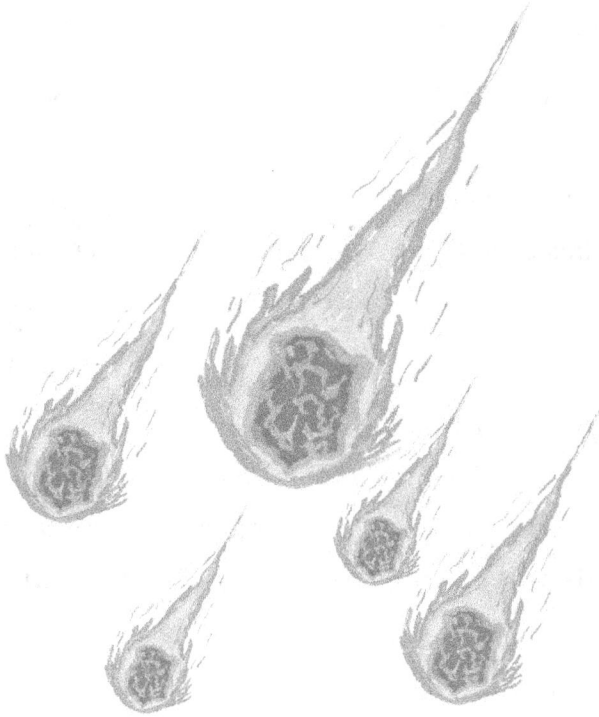

LLUVIAS DE METEORITOS

Ya sabes que los meteoros son pequeños trozos de roca o polvo espacial, pero seguro que no sabías cuántos atraviesan la atmósfera terrestre cada año. Las lluvias de meteoros son como grandes espectáculos pirotécnicos en los que aparecen montones de meteoritos a lo largo de varios días.

Los meteoros son creados por cometas. Cuando la órbita de la Tierra atraviesa una corriente de polvo espacial dejada por un cometa, el polvo y las rocas que entran en la atmósfera se calientan tan rápidamente que arden con fuerza y parecen estrellas fugaces.

Como la Tierra atraviesa las mismas nubes de polvo cada vez que gira alrededor del Sol, los astrónomos son capaces de decir a todo el mundo cuándo se producirán las lluvias de meteoros. Todos los días caen cientos de meteoros sobre la Tierra, incluso cuando no es de noche, pero hay que mirar en el momento exacto para ver uno.

Si quieres ver una lluvia de meteoritos, consulta los mejores días en un sitio web como timeanddate.com. Busca un lugar en el campo, lejos de pueblos o ciudades que emiten mucha luz. Asegúrate de tener una vista despejada del cielo, túmbate sobre algo cómodo y espera.

ÉSTAS SON ALGUNAS LLUVIAS DE METEORITOS FAMOSAS:

- La lluvia de las Cuadrántidas, tiene lugar cada año durante las dos primeras semanas de enero. En su punto álgido, se pueden ver hasta 110 meteoritos por hora. Se originan cerca de la constelación de Bootes, y por eso a veces se las llama las Boótidas.

- Las Líridas comienzan cerca de la constelación de Lyra, y se producen a mediados de abril. Se pueden ver tanto desde el hemisferio norte como desde el hemisferio sur. Eso sí, tendrás que armarte de paciencia porque, incluso en sus mejores días, es probable que no veas más de 18 meteoros por hora.

- La lluvia de meteoros de las Perseidas es la más brillante del año y dura casi todo julio y agosto. El mejor momento para observarla es la segunda semana de agosto, cuando se pueden ver hasta 100 meteoritos surcando el cielo cada hora. Las Perseidas parecen proceder de la constelación de Perseo, pero en realidad son la nube de un cometa llamado Swift-Tuttle.

- Las Leónidas parten de la constelación de Leo cada noviembre y se ven mejor a mediados de mes. Incluso entonces, es probable que sólo veas un meteorito cada cinco minutos.

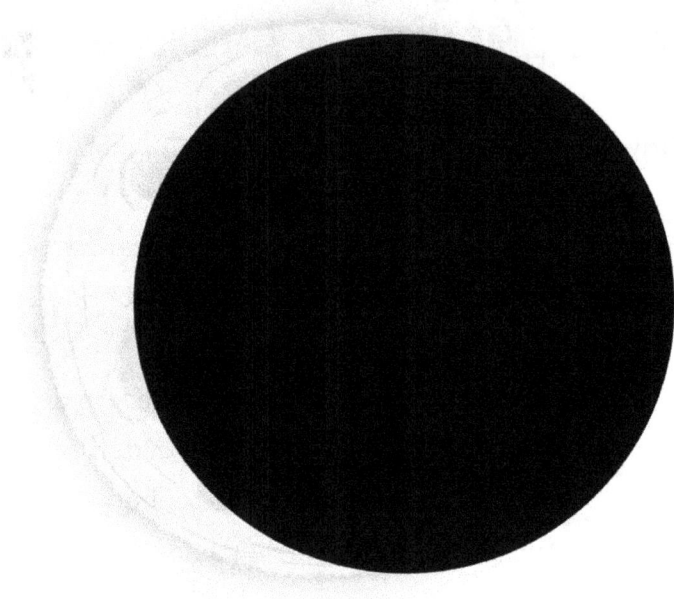

ECLIPSE TOTAL DE LUNA

La Luna es el objeto más brillante del cielo nocturno, por lo que es bastante difícil no verla. ¿Te has fijado alguna vez en que la Luna cambia de forma? A veces incluso desaparece por completo. Esto ocurre cuando la Tierra queda entre medio del Sol y la Luna, y la luz del Sol queda bloqueada. Sólo ocurre durante la luna llena y, por lo general, sólo dos veces al año. Sin embargo, no podrás ver todos los eclipses lunares porque sólo son visibles desde determinados lugares del planeta.

Hay dos tipos de eclipses lunares. Un eclipse lunar total se produce cuando la Luna desaparece por completo durante unos minutos. Esto significa que la Tierra ha bloqueado por completo la luz del Sol. Un eclipse lunar parcial ocurre cuando la Tierra no está completamente entre el sol y la luna. Cuando esto ocurre, verás pasar la sombra sobre la cara de la luna como si alguien le estuviera dándole un mordisco.

CAPÍTULO 24
¿SABÍAS LO INCREÍBLE QUE ES LA LUNA?

Como la Luna siempre está ahí, es fácil darla por sentada, pero en realidad es muy especial. La Luna es el único cuerpo natural que orbita alrededor de la Tierra, ¡y lleva ahí 4.600 millones de años! Es decir, mil millones de años antes de que aparecieran los primeros seres vivos en la Tierra.

¿DE DÓNDE PROVIENE LA LUNA?

A los científicos les resulta muy difícil saber exactamente de dónde vino la Luna porque nadie la vio aparecer por primera vez. Lo más probable es que esté hecha de trozos de la Tierra. Hace miles de millones de años, la Tierra fue probablemente golpeada por un gran objeto del tamaño de un planeta más pequeño. Esto hizo que la Tierra se quebrara y salieran pedazos volando hacia el espacio. El otro planeta también se habría roto por completo (como si se desmenuzara una galleta), y estos trozos de polvo habrían quedado flotando en el espacio.

Como la Tierra tiene una gran fuerza de gravedad, empezó a juntar estas migajas y rocas, y acabó formando la Luna. Esta teoría explica por qué en la Luna hay rocas, metales y gases exactamente iguales a los de la Tierra.

¿RATONES LUNARES? ¡LUNA-MAR ABSOLUTA!

Como podemos ver que la superficie de la Luna está llena de protuberancias y parches, ¡la gente solía bromear diciendo que estaba hecha de queso! ¿Has visto alguna vez una loncha de queso suizo? Es grumosa, está llena de agujeros y tiene el mismo aspecto que la Luna, pero de color amarillo. Por desgracia, la Luna está hecha de roca, que no es tan sabrosa. También tiene características como la Tierra, con montañas y mares, y los científicos incluso les han dado nombres. El más famoso es el Mar de la Tranquilidad, donde aterrizaron los astronautas Neil Armstrong y Buzz Aldrin cuando visitaron la Luna en 1969.

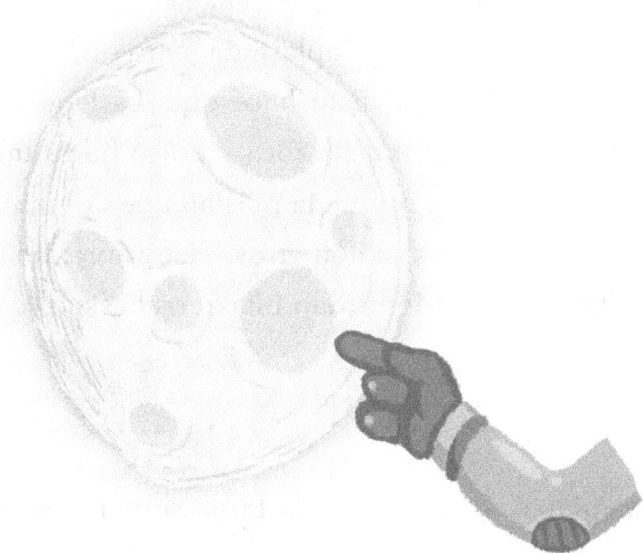

CRÁTERES

Los baches y agujeros que se ven en la Luna se llaman cráteres. Son como grandes cuencos y representan más del 80% de la superficie lunar. ¿Alguna vez has tirado piedras en un cajón de arena o en la arena de la playa? Esas piedras dejan pequeños cráteres y surcos en la arena cuando chocan contra ella. Los cráteres de la Luna se formaron al chocar contra ella meteoritos y otros desechos espaciales.

MONTAÑAS

Entre los cráteres de la Luna hay montañas muy altas. También se formaron por el impacto de rocas contra la Luna. Cuando un meteorito choca contra la Luna, empuja la roca y el polvo fuera del camino. Una parte queda aplastada, pero otra es empujada hacia los lados del cráter. Esto hace que los lados sean más amplios, y si se empuja mucha roca y polvo hacia un lado, se forma una montaña. La montaña más alta de la Luna se llama Monte Huygens y mide 5,5 kilómetros. Tiene aproximadamente la misma altura que el Monte San Elías, en Alaska.

MARES

Las partes planas y oscuras de la Luna se denominan mares. Los primeros astrónomos que observaron la Luna con un telescopio pensaron que estos mares parecían estar compuestos por agua. Sin embargo, esto resultó ser un error porque no hay agua en la Luna.

Los mares lunares son planos porque antes estaban cubiertos de lava. Probablemente, ésta se formó en el centro de la Luna cuando todo el polvo y los trozos de Tierra fueron empujados unos contra otros. Ahora ya no hay lava. Se ha enfriado y se ha convertido en un tipo de roca llamada basalto. Algunos robots han visitado la Luna y han traído a la Tierra algunas de estas rocas basálticas para que los científicos las investiguen. Los científicos están muy entusiasmados con las rocas lunares y han recogido unos 400 kg de muestras. ¡Eso es aproximadamente lo que pesa un cocodrilo americano!

FASES Y ÓRBITAS LUNARES

La Luna orbita alrededor de la Tierra igual que todos los planetas orbitan alrededor del Sol. La Luna tarda aproximadamente 28 días en dar la vuelta completa a la Tierra y volver al punto de partida. La Luna también gira sobre su eje. Tarda unos 28 días en dar una vuelta completa. Como la Luna tarda el mismo tiempo en girar que en dar la vuelta a la Tierra, siempre tiene la misma cara hacia el planeta. Por eso, independientemente de la posición de la Luna en el cielo, el dibujo de su superficie es siempre el mismo.

Durante su ciclo de 28 días, la luna cambia de forma. Esto sucede porque la luz del sol incide en diferentes partes de la luna. A veces, la luz incide en el lado de la luna que no podemos ver desde la Tierra, y esto hace que la luna parezca oscura. Prueba iluminar una naranja con una linterna, moviendo lentamente la luz en círculo alrededor de la fruta.

La luna tiene cinco fases diferentes en su ciclo:

- Luna llena: Es cuando la luna parece completamente redonda y podemos ver todos los lados del círculo.
- Luna Gibosa: La luna se ve aplastada por un lado al cubrirse de sombras.
- Cuarto de Luna: Sólo se ve la mitad de la luna. El resto está oscuro. ¿Por qué se llama cuarto de luna y no media luna? Porque el otro lado de la luna -el que da la espalda a la Tierra- también está oscuro. Esto significa que la luna tiene un cuarto a la luz y tres cuartos a la sombra.
- Luna Creciente: Es la forma de luna que vemos a menudo en las fotos, en las que parece una sonrisa de lado.
- Luna nueva: Esta es la porción más delgada de la luna, y a menudo es tan oscura que no podemos verla usando sólo nuestros ojos. Sólo dura uno o dos días, por lo que la luna no se va por mucho tiempo.

La luna tarda dos semanas en pasar de luna llena a luna nueva. Cuando el área de la luna que refleja la luz del sol se hace más pequeña, decimos que la luna está menguando. La luna tarda otras dos semanas en pasar de luna nueva a luna llena. Durante este tiempo, las sombras que cubren la luna se hacen más pequeñas, y el lado más claro se hace más grande. A esto lo llamamos luna creciente.

VISITANTES DE LA LUNA

Como la Luna es el cuerpo espacial más cercano a la Tierra, para los científicos es el más fácil de visitar. Algunos cohetes han llevado astronautas, otros robots y otros simplemente han volado cerca y han tomado fotos.

En los años 50, tanto Estados Unidos como Rusia querían ser los primeros en llegar a la Luna. Ambos países construyeron muchos cohetes y crearon nuevos diseños con los que esperaban poder realizar el largo viaje. Esta época de la historia se conoce como la Carrera Espacial.

Rusia fabricó la primera nave espacial que tomó una fotografía de la cara oculta de la Luna. También realizaron el primer alunizaje. Sin embargo, ninguna de estas naves llevaba personas en su interior. Estaban controladas por pilotos en la Tierra.

Estados Unidos fue el primer país en enviar astronautas a la Luna. La primera nave espacial voló alrededor de la Luna. Se llamaba Apolo 8. Siete meses más tarde, una nave espacial llamada Apolo 11 aterrizó con éxito en la Luna, y dos astronautas, Neil Armstrong y Buzz Aldrin bajaron y caminaron por los alrededores.

Durante los años siguientes, ambos países enviaron robots a la Luna. Estos robots tomaron fotografías y vídeos y recogieron muestras de rocas. El robot más reciente en la Luna fue puesto allí por el programa espacial chino en 2019.

CONCLUSIÓN

¡Buen trabajo! Has descubierto muchos secretos de las estrellas y estás listo para impresionar a tus amigos con tu conocimiento de las constelaciones. Desde la gigante Virgo hasta la mucho más pequeña Corona Boreal, conoces todos los trucos y consejos para encontrarlas, así como algunos datos sorprendentes que te harán parecer un astrónomo profesional.

En este libro hemos mencionado 24 constelaciones. ¿Has conseguido verlas todas? Seguro que te has divertido mucho aprendiendo sobre las maravillosas imágenes que las antiguas civilizaciones veían en las estrellas, pero tus aventuras en el espacio no tienen por qué acabar aquí. Existen 88 constelaciones en total, y ahora que sabes cómo navegar por los cielos nocturnos, estás listo para encontrar el resto. Puedes utilizar una aplicación genial como Stellarium para ver todas las constelaciones del cielo a tu alrededor.

Mientras observas las estrellas, no olvides que también hay muchos otros cuerpos celestes por descubrir. Observa las diferentes fases de la luna, algunos planetas que simulan ser estrellas, ¡e incluso una mágica lluvia de meteoritos! Hay tantas cosas por explorar en el espacio que ni siquiera los científicos saben exactamente lo que hay ahí fuera. ¿Quién sabe lo que ellos (¡o tú!) descubrirán en el futuro? ¡Te deseamos una feliz observación de las estrellas!

GLOSARIO

Algunas de las palabras utilizadas en este libro podrían ser nuevas para ti. Aquí podrás descubrir su significado.

Asterismo: Patrón formado en el cielo nocturno por la agrupación de estrellas. Es más pequeño que una constelación.

Astrónomo: Tipo de científico que estudia los objetos del espacio.

Eje: línea imaginaria que pasa por el centro de algo y alrededor de la cual gira un objeto.

Constelación: Grupo de estrellas que forman un patrón. Existen 88 constelaciones oficiales.

Grado: Unidad utilizada para medir el tamaño de un ángulo.

Ecuador: Línea imaginaria que rodea el centro de la Tierra.

Galaxia: Conjunto de estrellas agrupadas por la fuerza de la gravedad.

Gravedad: Fuerza procedente del interior de un objeto grande que atrae hacia sí objetos más pequeños.

Hemisferio: Mitad de la Tierra. El ecuador divide la Tierra en hemisferio norte y hemisferio sur.

Planeta: Gran objeto espacial que orbita alrededor de una estrella.

Meteoro: pequeña roca espacial que entra en la atmósfera terrestre y se quema, creando una estela brillante.

Nebulosa: Nube de polvo o gas en el espacio.

Órbita: Trayectoria de un objeto que se desplaza en círculo u óvalo alrededor de otro objeto mayor.

Estrella: Bola de gas que emite luz propia. El Sol es nuestra estrella más cercana.

¡VALORAMOS TUS COMENTARIOS!

¡Ey! Acabo de leer tu horóscopo diario, ¡y dice algo asombroso!

¿Qué dice?

Dice que tu signo zodiacal es muy amable y siempre ayuda a los demás. También dice que hoy es un gran día para hacerlo.

¿Sabías que puedes ayudarnos dejando una reseña de este libro en Amazon o Audible?

Bien, ¡me alegra saber que puedo ayudar!

Gracias, ¡estamos deseando verte en el próximo libro!

Como equipo editorial independiente que surca el espacio, recibir tus comentarios significaría el UNIVERSO para nosotros. Nos ayudará a crear mejores libros para ti y a educar aún más a otras mentes curiosas.

Aniela Publications